Sokrates für Manager

Dr. Andreas Drosdek ist Experte zum Thema »Philosophie für Führungskräfte«. Er ist freier Journalist und Unternehmensberater. In seinen Managementbüchern beschäftigt er sich vor allem mit den Lehren wichtiger Denker für den Führungsalltag. Von ihm sind bereits erschienen: *Die Liebe zur Weisheit* (Campus 2003), *Hagakure für Führungskräfte* (Ueberreuter 2002) und *Credibility Management* (Campus 1996).

Sokrates für Manager

Eine Begegnung mit zeitloser Weisheit

von

Andreas Drosdek

Campus Verlag
Frankfurt/New York

Bibliografische Information der Deutschen Nationalbibliothek.
Die Deutsche Nationalbibliothek verzeichnet diese Publikation in der Deutschen Nationalbibliografie. Detaillierte bibliografische Daten sind im Internet über http://dnb.d-nb.de abrufbar.
ISBN 978-3-593-38252-4

Umschlaggestaltung: Büro Hamburg
Umschlagmotiv: © A. Vossberg/VISUM
Druck und Bindung: Druckpartner Rübelmann, Hemsbach
Gedruckt auf säurefreiem und chlorfrei gebleichtem Papier.
Printed in Germany

Besuchen Sie uns im Internet: www.campus.de

Inhalt

Zu diesem Buch

Wissen schafft Bewusstsein. Wenn wir zu neuen Wegen finden, unsere Welt zu sehen und zu verstehen, dann wirkt sich das auch auf unser Handeln aus. Mit besserem Wissen sind wir in der Lage, unsere Umwelt erfolgreicher zu gestalten. Oder, wie Sokrates es ausdrückte: »Rechtes Handeln folgt rechtem Denken.«

Unsere Welt hat sich tiefgreifend verändert. Globalisierung, Individualisierung und die Informationsvernetzung durch das Internet haben neue Realitäten geschaffen, auch und vor allem in der Wirtschaftswelt. Zudem verschieben sich die Gewichte in der globalen Wirtschaft. Neue Mitspieler wie China oder Indien mischen die Karten zunehmend neu.

In einer solchen Situation stoßen althergebrachte Managementansätze an ihre natürlichen Grenzen. Vieles, was wir heute noch im Management praktizieren, hat seine Wurzeln in Studien, die Frederick Taylor Ende des 19. Jahrhunderts durchführte. Dabei entwickelte er »wissenschaftliche« Prinzipien wie Arbeitsteilung, Planung und Kontrolle, gemäß denen nur das (obere) Management denken und planen soll, während der Rest der Belegschaft diese Pläne lediglich exakt und möglichst ohne eigenes Denken auszuführen hat. Wenn man dieses Menschen- und Unternehmensbild mit der heutigen Wirtschaftsrealität vergleicht, wundert es nur, dass nicht schon früher Risse im Wirtschaftsgefüge aufgetreten sind.

Dass das traditionelle Managementdenken in unserer komplexen Welt oft nicht mehr weiterhilft, ist vielen Managern bewusst. Das System Wirtschaft hat sich zu grundlegend geändert. Galt es früher noch als reine PR-Masche, vom Mitarbeiter als »wichtigste Ressource« zu sprechen, so hat sich das Blatt gewendet: Das Unternehmen braucht mittlerweile wirklich die Intelligenz und Kreativität aller Mitarbeiter, wenn es auf den globalisierten und konkurrenzintensiven Märkten der Zukunft erfolgreich agieren will. Woher aber sollen die neuen Konzepte für eine effektive Mitarbeiterführung kommen?

Seit mehr als einem Jahrzehnt habe ich Manager auf alternative Wege hingewiesen, die neues Wissen und damit neues Bewusstsein in den Managementprozess bringen. Ende des letzten Jahrhunderts lag das Augenmerk noch auf den asiatischen Strategielehren, die auch heute noch wichtige Impulse für die Handhabung von komplexen Systemen liefern.

Doch auch die Entwicklung der westlichen Zivilisation stellt eine bedeutende Erfolgsgeschichte dar. Sie führte am Ende zu nie gekannten Freiheiten sowie wissenschaftlichen und technischen Errungenschaften für die gesamte Menschheit. Wer ihre Ursprünge verstehen will, stößt unweigerlich auf Sokrates, den Mann, der diese Entwicklung fast im Alleingang in wichtige Bahnen lenkte. Ohne Sokrates sähe unsere Welt heute wahrscheinlich anders aus.

Sokrates mag viele Entwicklungen in unserer Welt durch sein Denken und seine Methodik erfolgreich angestoßen haben. Gerade in der Wirtschaftswelt finden wir aber heute häufig die gegenteiligen Werte und Methoden wie die, die Sokrates selbst vertrat.

In letzter Zeit wird das Bedürfnis auch im Management größer, die Philosophie zur Entdeckung neuer Lösungsansätze zu Rate zu ziehen. Ein logischer Ausgangspunkt hierbei ist Sokrates. Denn er hat nicht nur eine wesentliche Grundlage für unsere westliche Zivilisation gelegt, sondern bietet uns auch ein überzeugendes Alternativmodell für unsere heutigen Managementmethoden.

In der Zeit seines öffentlichen Wirkens setzte sich Sokrates vor allem mit den Ideen der Sophisten auseinander. Diese erhoben den Erfolg (in Form von persönlichem Profit) zur primären Leitlinie und lehrten Manipulation und Machtpolitik

– ein Ansatz, der auch in vielen modernen Unternehmen heute noch Realität ist. In unserer Zeit der Transparenz sind die sophistischen Methoden aber nicht länger wirksam. Auch für den eigenen Erfolg wird es wichtig, sich stattdessen an Sokrates' Prinzipien der Authentizität und der Suche nach gesichertem Wissen zu orientieren.

»Die Führungskraft der Vergangenheit wusste Anweisungen zu geben. Die Führungskraft der Zukunft wird wissen, Fragen zu stellen«, prophezeite der große Managementdenker Peter Drucker für unser Jahrtausend. Eine gute Zeit also, um von Sokrates, dem großen Fragesteller, zu lernen.

Ich weiß, verehrter Leser, dass Ihre Zeit knapp bemessen ist. Wir leben in hektischen Zeiten. Dieses kleine Büchlein ist daher so konzipiert, dass es schnell und leicht gelesen werden kann. Gleichzeitig ist es inhaltlich so strukturiert, dass die wesentlichen Aspekte von Sokrates' Sichtweise in unterschiedlichen Kontexten wiederholt einprägsam zum Ausdruck kommen.

Ich wünsche Ihnen viel Spaß beim Lesen und hoffe, dass Sie sich am Ende von diesem einzigartigen Philosophen zu neuen Erfolgen in ihrer Managementarbeit inspirieren lassen.

Andreas Drosdek

Der Auftakt

Der moderne Manager sieht sich in einer zunehmend komplexen Wirtschaft mit einer Reihe völlig neuer Herausforderungen konfrontiert: Produkte und Dienstleistungen müssen den wachsenden Ansprüchen der Kunden genügen, Mitarbeiter motiviert und mit Wertschätzung geführt werden. Außerdem wird erwartet, dass der Manager seine Kompetenzen ständig ausbaut, um das Unternehmen sicher in Richtung Zukunft zu steuern. Kurzum, das Umfeld des Managers wird zunehmend turbulenter, schnelllebiger und risikoreicher, die Anforderungen und Erwartungen an das Management steigen. Die üblichen Managementansätze bringen keine Wettbewerbsvorteile mehr, denn jeder kennt sie in kürzester Zeit; es gibt also keinen längerfristigen Informationsvorsprung mehr.

Entsprechend stoßen immer mehr Führungskräfte an ihre Grenzen. Wie aber kann der Manager neue Kompetenzen im Umgang mit Märkten und Mitarbeitern erlangen? An welchen Grundsätzen kann er sich heute noch orientieren?

Philosophie ganz ohne Vorwissen

»Die Probleme, die es in der Welt gibt, können nicht mit den gleichen Denkweisen gelöst werden, die sie erzeugt haben«, prognostizierte schon Einstein. Um die heutigen Managementherausforderungen zu bewältigen, bedarf es – zumindest für das traditionelle Management – neuer Denkansätze. Dabei wird die Führungskraft zunehmend auf sich selbst zurückgeworfen. Als Konsequenz bleibt ihr am Ende nichts anderes übrig, als dem Rat von Immanuel Kant zu folgen: »Habe den Mut, dich deines eigenen Verstandes zu bedienen.«

Zunehmend sind es die Denkstrategien des Managers selbst, die über Erfolg oder Misserfolg entscheiden – letztendlich nicht nur beruflich, sondern auch privat. Wohin aber soll sich der moderne Manager wenden, um neue Denkperspektiven zu gewinnen? Die nahe liegende Antwort ist: dort, wo die Erfolgsgeschichte des modernen Denkens seinen Anfang nahm: in der Philosophie.

Alle Managementtheorien und die daraus abgeleiteten Methoden sind direkt oder indirekt das Produkt von Philosophie. Nehmen wir den Managementdenker Peter Drucker. Er hatte in jungen Jahren extra Spanisch gelernt, nur um ein kleines Weisheitsbüchlein des spanischen Philosophen Baltasar Gracián im Original lesen zu können. Die Philosophie insgesamt bildete einen Großteil seines intellektuellen Hintergrunds. Ähnliches trifft auf das gesamte Managementwissen zu. Unausgesprochen liegt allen Managementansätzen ein bestimmtes Welt- und Menschenbild, eine Philosophie zugrunde.

Natürlich sind Sie als Manager viel beschäftigt. Aber gerade deshalb ist es wichtig, dass Sie Ihre Zeit auf die Fragen verwenden, deren Antworten Sie in kurzer Zeit entscheidend weiter bringen. Uns ist oft nicht bewusst, wie sehr die Philosophie alle Aspekte unseres Lebens prägt. Oder wie sehr sie uns dabei helfen kann, einzigartige und erfolgreiche Lösungswege für die Zukunft zu finden. Wir brauchen die Philosophie also für unsere jeweilige Arbeit. Und nicht nur das: Wir haben bereits eine Philosophie. Jeder von uns handelt nach bestimmten Überzeugungen, Prinzipien und Faustregeln. Jedes Mal, wenn Sie mit Mitarbeitern, Kollegen, Vorgesetzten, Kunden oder Investoren zu tun haben, wird dieser Umgang von Ihren eigenen Grundhaltungen, Werten und Prioritäten gesteuert. Und gerade das sind die Grundelemente einer jeden Philosophie. Die Frage, die sich für uns lediglich ergibt, ist: Ist meine eigene Philosophie so umfassend durchdacht und überprüft, dass ich mir sicher sein kann, dass mein Managementansatz der richtige ist? Oder sollte ich meine Philosophie noch einmal überprüfen?

Genau um diesen Prozess des Prüfens geht es. Und dies führt uns direkt zu Sokrates, dem Mann, der das systematische Überprüfen aller wichtigen Überzeugungen zu seiner Lebensaufgabe machte. Mit seiner Methodik legte er nicht nur den Grundstein für die gesamte westliche Philosophie. Seine Denkansätze bieten auch den Vorteil, dass sie ohne Vorkenntnisse verstanden und angewandt werden können. Wenn wir Sokrates Beispiel folgen wollen, dann müssen wir nicht zuerst Philosophie studieren, bevor wir philosophische Prinzipien für unsere Arbeit einsetzen können. Wie Sokrates auch, können wir unvoreingenommen an die Überprüfung unseres eigenen Wissens und des Wissens unserer Umwelt herangehen sowie unsere bisherigen Erfahrungen und Erkenntnisse dazu einsetzen, falsches oder unvollständiges Wissen zu entlarven und zu gesichertem Wissen zu gelangen.

Im Grunde genommen bietet Sokrates' zeitlose Weisheit wichtige Impulse für unseren gesamten Lebensentwurf. Mehr denn je ist jeder von uns auf sich selbst zurückgeworfen, wenn es darum geht, ein geglücktes Leben zu leben. Heutzutage können Sie sich für die Planung Ihrer Zukunft immer weniger auf das Unternehmen, für das Sie gerade tätig sind, verlassen. Unternehmen handeln mittlerweile radikal allein gemäß ihrer eigenen Bedürfnisse und Interessen. Die einstige Loyalität gegenüber der Belegschaft und dem Management ist oft kaum noch wahrnehmbar. Entsprechend sind vor allem Sie selbst für Ihre Karriere verantwortlich und benötigen deshalb mehr denn je eine klare Strategie für Ihr eigenes Leben.

Ein Befassen mit Sokrates kann uns entscheidend dabei helfen, klarere Vorstellungen davon zu entwickeln, wie wir unser eigenes Leben erfolgreich managen und dabei auch die Bedürfnisse und Ansprüche unserer Umwelt in einer für alle Beteiligten zufriedenstellenden Weise integrieren können.

Das vorliegende Büchlein ist kurz. Hilfreiche Einsichten müssen nicht auf langatmigen Erläuterungen basieren. Was wirklich wichtig ist, kann oft in Kürze vermittelt werden.

Lassen Sie sich also für kurze Zeit auf das Abenteuer Philosophie ein, und reisen Sie mit mir auf den Spuren des vielleicht wichtigsten Philosophen aller Zeiten. Sie werden es nicht bereuen.

Sokrates – der ideale Mentor

Die Kunst des Fragens

Welche Fähigkeiten braucht der moderne Manager? Wie können die neuartigen Herausforderungen des 21. Jahrhunderts gemeistert werden? Wir alle haben oft gehört, dass wir in der Zeit der Wissensökonomie leben. Wie aber sieht Führung unter solchen Bedingungen aus?

Bereits vor mehr als 2 000 Jahren erkannte Sokrates, dass es keinen besseren Weg gibt, die menschliche Kreativität anzuspornen und den Dingen auf den Grund zu gehen, als Fragen zu stellen. Dort, wo wir angehalten sind, Fragen zu beantworten, sind wir plötzlich gezwungen, innezuhalten, eine Bestandsaufnahme zu machen, herauszulassen, was wir wissen und was nicht, was wir glauben und was wir nicht für möglich halten. Fragen decken Wissen und Ignoranz auf. Und sie sind das ideale Werkzeug für den modernen Manager, der mündige Wissensarbeiter zu führen hat, nicht unkritische Befehlsempfänger.

Der moderne Manager braucht also vor allem

die Kunst des Fragens. Er muss in der Lage sein, die wichtigsten Themen zu erkennen und dort gezielt traditionelle Standpunkte und Sichtweisen zu hinterfragen. Denn weil sich die Dinge ständig ändern, werden sich die entsprechenden Schwerpunkte kontinuierlich verschieben. Die daraus resultierende Unsicherheit ist groß. So wird die Kunst des Fragens eines der wichtigsten Instrumente zur Bewältigung dieser Unsicherheit. Außerdem kann sie Ihnen auf besondere Weise helfen, Mitarbeiter zu führen, deren Aufgabe es ja ist, in wesentlichen Details mehr zu wissen als Sie selbst.

Gesichertes und strategisch eingesetztes Wissen wird zur neuen Erfolgswährung in einer turbulenten Welt. Um diese Art von Wissen zu erreichen, müssen Sie aber erst einmal die Grenzen des eigenen Wissens erkennen, Ihr Nichtwissen. Erst dann lässt sich systematisch eine sichere Wissensbasis aufbauen und aufrechterhalten.

Als moderner Manager müssen Sie dazu auch eine persönliche Standortbestimmung durchführen. Was sind meine Ziele und die Werte, auf die ich meine Entscheidungen gründe? Worin sehe ich eine geglückte Kombination aus beruflichem und privatem Erfolg? Vor allem, wie will ich Einfluss ausüben? Welche Art von Macht ist für meine Arbeit wichtig, und wie will ich sie idealerweise zum Nutzen aller einsetzen?

Gerade in unserem modernen, hochkomplexen

Umfeld wird es zusehends schwieriger, Struktur und nachvollziehbare Kontinuität in die eigenen Entscheidungsprozesse zu bringen. Orientierungswissen und die Fähigkeit, trotz aller Komplexität zum Kern von Problemen vorzustoßen und realistische, sinnvolle Lösungen zu finden, werden zunehmend wichtiger. Als Manager müssen Sie vor allem motivierende und glaubwürdige Wahrheiten identifizieren und im Managementprozess vertreten.

Wie aber können solche wertvollen Erkenntnisse gewonnen werden? Lernen wir von Sokrates, der wie kein anderer die Kunst des Fragens und des Dialogs gepflegt und diese als Methodik der Wahrheitsfindung in die westliche Weisheitssuche eingeführt hat.

Mit seiner Methode des Fragens, die er selbst mit der Hebammenkunst seiner Mutter verglich, weil er damit die Wahrheit ans Tageslicht förderte wie die Hebamme das Kind, hat Sokrates ein Instrumentarium geschaffen, das auch heute noch von Führungskräften erfolgreich beim Auffinden von optimalen Lösungen und Entscheidungen und bei der Mitarbeiterführung eingesetzt werden kann.

Sokrates' Erste Philosophie

Sokrates betrieb eine »Erste Philosophie«, indem er radikal vom Menschen als zentralem Untersuchungsgegenstand ausging und keinerlei philosophisches Vorwissen bei seinen Dialogpartnern verlangte. Er zeigte, wie man ein Problem ohne Vorwissen und Vorurteile an der Wurzel fassen und zu sinnvollen Einsichten gelangen kann. (Für Aristoteleskenner: Aristoteles verwandte später eine andere, themenbezogenere Definition von »Erster Philosophie«.)

Für Sokrates waren Freundschaft und Hilfsbereitschaft wichtige Elemente seiner Philosophietätigkeit. Seiner Ansicht nach gehörte es zu einem gelungenen Leben, dass jemand nicht nur engstirnig seine Eigeninteressen verfolgte, sondern auch die berechtigten Fremdinteressen berücksichtigte. Ein Manager, der sich an Sokrates' Ansatz orientiert, gewinnt Authentizität und Glaubwürdigkeit in seinem Bemühen, einen positiven Beitrag nicht nur zum eigenen Erfolg, sondern zum Erfolg des Gesamtunternehmens und seiner Mitarbeiter zu leisten.

Sokrates betonte das Primat der Erkenntnis. Bevor ein Mensch richtig handeln kann, muss er richtig denken. Entscheidend sind dabei die Erkenntnis des eigenen Nichtwissens (denn nur dann wird man entsprechende Erkenntnis anstreben), die Selbsterkenntnis und am Ende die Erkenntnis der Wahrheit und des Guten. Diese drei Erkenntnisarten bilden dann eine ideale Entscheidungs- und Handlungsbasis.

So legte Sokrates mit seiner Methodik und seiner Thematik die Grundlage für unsere westliche Denkkultur. Er hatte direkt prägenden Einfluss auf Platon und indirekt auch Einfluss auf Aristoteles und alle nachfolgenden Philosophen. Der berühmte britische Denker Alfred N. Whitehead ging soweit zu behaupten, die gesamte Geschichte der Philosophie bestehe »aus nichts anderem, als einer Reihe von Fußnoten zu Platon«, dessen Lehrer eben Sokrates war.

Sokrates' Methodik

Mit seiner Methodik hat Sokrates eine Denkschule angestoßen, die bis in unsere heutige Zeit ihre Auswirkungen hat. Erstaunlicherweise hielt er selbst aber nur wenige »Wahrheiten« für absolut gesichert. Vielleicht noch wichtiger als seine Überzeugungen war jedoch seine Methodik. Ausgehend von traditionellen Überlieferungen formte er sich ein Weltbild, dass er dann bei jeder Gelegenheit im Dialog mit anderen einer kritischen Überprüfung unterzog. Karl Popper sollte Jahrhunderte später mit seinem Prinzip der Falsifizierbarkeit einen ähnlichen Standard für wissenschaftliches Forschen etablieren. Sokrates hielt an seinen einmal gewonnen, aber immer bewusst vorläufigen Überzeugungen solange fest, bis ihm ein damit verbundener

Denkfehler nachgewiesen werden konnte. Im Dialog mit dem Sophisten Gorgias und seinen Anhängern zog er etwa gegen Ende des ergebnislos verlaufenden Gesprächs folgenden Schluss: »Denn ich bleibe immer bei derselben Rede, dass ich zwar nicht weiß, wie sich dies verhält, dass aber von denen, die ich angetroffen, wie auch jetzt, keiner im Stande gewesen ist, etwas Anderes zu behaupten, ohne dadurch lächerlich zu werden. Daher sage ich wiederum, dass es sich so verhält.«

> Halte solange an deinen Überzeugungen fest, bis dich jemand eines Besseren belehrt.

Sokrates und seine Wirkung auf die Jugend

Besonderen Anklang fand Sokrates mit seiner radikalen Suche nach neuen, vertrauenswürdigeren Grundlagen für dauerhaften Lebenserfolg bei der jungen Elite Athens. Es waren vor allem die privilegierten jungen Männer, denen eine herausragende gesellschaftliche Führungsrolle zugedacht war, die sich von Sokrates Beispiel inspirieren ließen. Er war somit der Lieblingsmentor der High Potentials Athens. In seiner Verteidigungsrede vor dem Athener Gericht kurz vor seinem Tod brachte er diesen Umstand zum Ausdruck: »Über dieses aber folgen mir die Jünglinge, welche die meiste Muße haben, der reichsten Bürger Söhne also, freiwillig, und freuen sich zu hören wie die Menschen untersucht werden, oft auch tun sie es mir nach und versuchen selbst Andere zu untersuchen, und finden dann, glaube ich, eine große Menge solcher Menschen, welche zwar glauben, etwas zu wissen, wissen aber wenig oder nichts.« Sokrates' Beispiel nachzuahmen, hatte seine Ankläger besonders erschreckt. Sie wollten sich nicht vielen intelligenten jungen Menschen ausgesetzt sehen, denen sie Rechenschaft für ihre Überzeugungen und Handlungen schuldig sein würden.

Sokrates war sich wohl bewusst, dass er vor allem die Jugend mit seiner radikalen Wahrheitssuche begeisterte. Das wäre nach seiner Sicht auch in anderen Städten nicht anders: »Denn das weiß ich wohl, wohin ich auch komme, werden die Jünglinge meinen Reden zuhören, eben wie hier.«

Zur Schaffenszeit Sokrates' war Athen eine junge Demokratie, die mit zahlreichen Problemen zu ringen hatte. Weil die Stadt basisdemokratisch geführt wurde, gab es bei allen wichtigen Fragen große Bürgerversammlungen. Das Gleiche galt auch für Gerichtsprozesse. Bei der Verhandlung über die Anschuldigungen gegen Sokrates gab es zum Beispiel 500 Richter, die nach Anhörung aller Parteien über sein Schicksal abstimmten. Theoretisch hätte dieser große Aufwand zu einer gerechteren Staatsführung führen sollen. In Wirklichkeit war das politische System aber von Korruption und Manipulation geprägt.

Die Sophisten brachten der Athener Elite als gut bezahlte Lehrer bei, mit rhetorischen Kunstgriffen bei Bürgerversammlungen und vor Gericht zu punkten. Dabei ging es nach Meinung dieser Lehrer erklärtermaßen nicht darum, die jeweilige Wahrheit ans Licht zu befördern, sondern lediglich darum, die große Masse von der eigenen Sichtweise zu überzeugen, auch wenn diese eigensüchtig und für das Gemeinwohl schädlich war. Kein Wunder also, dass sich vor allem die zu allen Zeiten idealistischere Jugend stattdessen an Sokrates hielt.

Sokrates und die heutigen Managementaufgaben

Durch seine Methodik, seine inhaltliche Schwerpunktsetzung und sein persönliches Beispiel bildet Sokrates einen idealen Ausgangspunkt für die Einführung von philosophischen Prinzipien ins Management.

Sokrates hat sowohl mit seiner *Methodik*, als auch mit dem Fokus seiner Fragen, seiner Wahl der *relevanten Untersuchungsgegenstände* und seiner Neudefinition *erstrebenswerter Ziele* eine entscheidende neue und für Jahrtausende wichtige langfristige Sichtweise entwickelt.

Diese unterschiedlichen Lehrgegenständc hat Sokrates nie formal gelehrt. Er hat auch selbst nichts zu seiner Methodik und Thematik niedergeschrieben, angeblich, weil er weder das eine noch das andere für so vollkommen hielt, dass es ein permanentes, schriftliches Festhalten bereits verdiente. So blieb den Schülern von Sokrates schon damals allein das Lernen an seinem Beispiel. Da uns durch Platon und andere Berichterstatter durchaus eindrucksvolle Beispiele von Sokrates' Wirken überliefert wurden, können auch wir heute noch Schüler von Sokrates werden und ihn zu unserem Mentoren machen. Das soll hier nachfolgend geschehen. Wir wollen Sokrates' Weisheit entdecken, uns durch sie inspirieren lassen und von ihr profitieren.

Zu diesem Zweck wollen wir untersuchen, welche entscheidenden Wenden Sokrates in das westliche Denken einführte, und was wir aus ihnen lernen können.

Die dreifache sokratische Wende

Wir alle kennen die Kopernikanische Wende. Aber schon lange vor Kopernikus hat Sokrates eine entscheidende, dreifache Wende im Denken der Menschen herbeigeführt, eine Wende, ohne die wir heute wahrscheinlich in einer völlig anderen Welt leben würden.

Zum einen hat Sokrates, wie Cicero später diagnostizierte, die Philosophie »vom Himmel auf die Erde geholt«. Die meisten Philosophen vor Sokrates befassten sich mit buchstäblich kosmischen Fragen. Sie interessierten sich vor allem für das Universum und die Frage, wie alles entstanden ist und woraus sich alles zusammensetzt.

Sokrates' Überlegungen hatten einen radikal anderen Schwerpunkt. Entgegen den Trends seiner Zeit machte er den Menschen zum Fokus seiner Forschungen. Dabei war er pragmatisch. Es interessierte ihn weniger, wo der Mensch herkam. Sein grundsätzliches Interesse galt der Frage: Was stellt ein gelungenes Leben dar und wie können wir dieses erreichen?

Sokrates Hinwendung zum Menschen kann uns

wesentliche Anhaltspunkte für eine neue, zukunftsgerechte Menschenführung in einer Zeit bieten, in der der Mitarbeiter mit seinem Wissen und seiner Kreativität in den Mittelpunkt des Managementinteresses rückt.

Diese Hinwendung zu Fragen des echten menschlichen Erfolgs brachte eine noch überraschendere Wende in Sokrates' Denken mit sich. Statt sein vorgebliches Wissen mit allen Mitteln zu verteidigen, begann Sokrates, sich auf sein Nichtwissen zu konzentrieren. Was wusste er wirklich sicher? Was wusste überhaupt jemand genau? Als er mit dieser Frage an seine Mitbürger herantrat, erlebte er eine große Überraschung: Auf fasst alle wichtigen Fragen des menschlichen Lebens wussten weder er selbst noch seine angeblich hochkompetenten Gesprächspartner eine überzeugende Antwort. Also machte Sokrates es sich zu seiner Lebensaufgabe, Scheinwissen zu entlarven und Nichtwissen aufzudecken.

Auch unsere heutige Welt ist von umfassendem Nichtwissen geplagt. Je mehr wir über die Zusammenhänge komplexer Systeme lernen, desto deutlicher wird, dass wir kaum in der Lage sind, Entwicklungen in unserer globalen Wirtschaftswelt mit ausreichender Sicherheit vorherzusehen. Gerade ein geschärftes Bewusstsein für solche Lücken in unserem Verständnis kann uns dabei helfen, produktiver an die ständigen Entscheidungen heranzugehen, die wir bei aller Unsicherheit kontinuierlich fällen müssen.

Die dritte Wende in Sokrates' Denken, neben der Hinwendung zum Menschen und zum Nichtwissen, war seine Überzeugung, dass das Ziel des menschlichen Handelns neu definiert werden muss. Es geht nicht um vorübergehende kurzfristige Erfolge, sondern um eine tiefgreifende Orientierung auf das, was Sokrates das Gute nannte. Zu einem geglückten Leben gehört ein unablässiges Streben nach dem, was nicht nur temporär angenehm und hilfreich ist, sondern nach dem, was langfristig und ganzheitlich zum Guten führt.

Die erste Wende: Die Erkenntnis des Nichtwissens

Das Orakel von Delphi

Das Orakel von Delphi spielte eine wichtige Rolle in der Welt der Antike. Für die Griechen war es eine wichtige, göttlich inspirierte Autorität. Für diese Überzeugung gab es durchaus entsprechende Erfolgsgeschichten. So riet das Orakel etwa den Athenern, sich hinter einer »hölzernen Burg« gegen die anstürmende Übermacht der Perser zu verteidigen. Der Athener Führer Themistokles interpretierte das als einen Aufruf, sich auf die Flotte zu stützen, und setzte sich für den vermehrten Schiffsbau ein. Anschließend gelang es ihm, den Persern in der Seeschlacht von Salamis eine entscheidende Niederlage beizubringen.

Meist war das Orakel in seinen Aussagen aber eher mysteriös und ließ im Nachhinein unterschiedliche Interpretationen seiner Weissagungen und Ratschläge zu. König Krösus von Lydien erhielt auf seine Anfrage hin, ob er das Perserreich angreifen sollte, die Voraussage: Wenn er den Grenzfluss überschreiten würde, »würde er ein großes

Reich zerstören«. Nach der verlorenen Schlacht gegen die Perser musste er erkennen, dass das Orakel anscheinend sein eigenes Reich gemeint hatte.

Ausgerechnet dieses berühmte Orakel sollte Sokrates einen wichtigen Anstoß für sein öffentliches Wirken liefern. Bis Mitte dreißig hatte er sich von öffentlichen Auftritten fern gehalten. Sein Freund Chairephon war aber so von Sokrates' Weisheit überzeugt, dass er sich selbst an das Orakel wandte. Wie Sokrates in seiner berühmten Verteidigungsrede vor dem Athener Gericht anführte, hatte Chairephon, der nicht nur für sein Ungestüm und seine Spontaneität berühmt war, sondern auch als eine Stütze der Athener Demokratie gegolten hatte, bei seinem Besuch in Delphi dem Orakel die Frage gestellt, ob irgendein Mensch weiser wäre als Sokrates. Wenig überraschend für Chairephon antwortete das Orakel, dass in der Tat kein Mensch weiser sei als Sokrates.

Für Sokrates kam dieser Urteilsspruch des Gottes Appollo, der hinter dem Orakel von Delphi als Inspiration vermutet wurde, als völlige Überraschung. Er war nämlich bisher vor allem zu einer Erkenntnis über sich selbst gekommen: »Ich weiß, dass ich nichts weiß.«

> Ich weiß, dass ich nichts weiß.

Dabei meinte Sokrates nicht, dass er gar nichts wusste, sondern, dass er sich bewusst war, dass sein gesichertes Wissen an entscheidenden, für ihn wichtigen Punkten noch lückenhaft war. Wie aber sollte er nun dieses erkannte und sich selbst eingestandene Nichtwissen mit dem göttlichen Spruch, dass keiner weiser sei als er selbst, in Einklang bringen?

Diese Frage bewegte Sokrates zutiefst, denn er war kein Mensch, der ohne Grund die überlieferten Traditionen und Autoritäten in Frage stellte. Er versuchte lediglich, das Wissen seiner Zeit auf eine gesicherte Grundlage zu stellen. Also ging er erst einmal davon aus, dass das Orakel normalerweise wahre Aussagen machte. In seinem eigenen Fall sah er aber keine Möglichkeit, dass das Orakel recht haben könnte. Wie es für seine Denkweise typisch war, beschloss Sokrates daher, den Orakelspruch zu überprüfen. Er hatte sich selbst geprüft und als mangelhaft befunden. Der Orakelspruch zwang ihn nun dazu, auch die anderen zu prüfen. Denn der Spruch konnte nur wahr sein, wenn das Wissen der anderen noch mangelhafter wäre als sein eigenes, was Sokrates aber kaum für möglich hielt. Schließlich empfand er große Loyalität gegenüber seiner Heimatstadt Athen und ihren Gesetzen und konnte sich nicht wirklich vorstellen, dass er weiser wäre als ihre Führer.

Die Entlarvung des Nichtwissens

So veranlasste der Orakelspruch Sokrates im Alter von 35 Jahren sein öffentliches Wirken zu beginnen. Sokrates setzte seine Prüfung bei den Menschen an, die die Geschicke seiner Heimatstadt in entscheidender Weise prägten: bei den Staatsmännern und Politkern Athens.

Das Nichtwissen der Politiker

Athen war nicht nur eine Demokratie, es war eine Basisdemokratie. Nicht selten wurde ein Großteil der wahlberechtigten Bürger Athens bei Entscheidungen herangezogen. Politiker, die ihre jeweiligen Ansichten durchsetzen wollten, mussten deshalb in der Lage sein, Tausende von Zuhörern bei Versammlungen im Freien durch ihre Reden zu überzeugen. Diese Notwendigkeit führte dazu, dass die führenden Politiker gemeinhin ausgezeichnete Redner waren, ihre Inhalte mit wirksamen Argumenten vorzutragen wussten und in dem Ruf standen, besonders erfahren und weise zu sein.

Sokrates beschloss also, den göttlichen Orakelspruch folgendermaßen auf seine Bedeutung hin zu überprüfen: Er begab sich zu einem Athener Politiker, der allgemein als einer der weisesten galt, um zu demonstrieren, dass sich das Orakel in seinem Fall nun doch einmal geirrt haben musste. Zu seiner Überraschung verlief der erste Dialog mit diesem Politiker allerdings völlig anders als erwartet. Statt Weisheit legte Sokrates' Gesprächspartner ein erstaunliches Nichtwissen in den entscheidenden Fragen an den Tag: »Indem ich also fort ging, gedachte ich bei mir selbst, als dieser Mann bin ich nun freilich weiser. Denn es mag wohl eben keiner von uns beiden etwas Tüchtiges oder Sonderliches wissen, allein dieser doch meint zu wissen, da er nicht weiß, ich aber wie ich eben nicht weiß, so meine ich es auch nicht, ich scheine also um dieses Wenige doch weiser zu sein als er, dass ich, was ich nicht weiß, auch nicht glaube zu wissen.«

> Wer sich seines Nichtwissens bewusst ist,
> ist weiser als jener, der glaubt,
> alles zu wissen.

Sokrates musste feststellen, dass er dem berühmten Staatsmann zumindest darin überlegen war, dass er sein eigenes Nichtwissen erkannt hatte und auch nicht der Illusion von angeblichem Wissen erlag. Als er danach einen noch angeseheneren Staatsmann in ein Gespräch verwickelte, um dessen Weisheit zu ergründen, stieß er auch dort nur auf viel Arroganz und Scheinwissen, nicht aber auf echte Weisheit.

Nachdem er das Nichtwissen der berühmtesten Staatsmänner Athens offen gelegt hatte, kam Sokrates zu einer für ihn verblüffenden Erkenntnis: »Die Berühmtesten dünkten mich beinahe die Armseligsten zu sein, wenn ich es dem Gott zufolge untersuchte, andere minder Geachtete aber noch eher für vernünftig gelten zu können.«

Das Nichtwissen der Dichter

Bei den großen Rednern und politischen Experten war Sokrates also unerwartet auf viel Arroganz und Ignoranz gestoßen, nicht aber auf fundiertes Wissen. Ernüchtert wandte er sich einer weiteren Gruppe von Männern (Frauen und Sklaven zählten in Athen trotz aller demokratischen Bestrebungen noch nicht viel) zu: den Dichtern, die als die intellektuelle Elite der Stadt galten und für ihre Werke berühmt waren. Zumindest hier erwartete Sokrates, dass er sich unwissender als diese erweisen würde. Aber auch hier musste er feststellen, dass die Dichter sogar meist weniger über den Hintergrund und die Bedeutung ihrer eigenen Werke wussten als ihre Interpreten und Kritiker: »Um es nämlich gerade heraus zu sagen, fast sprachen alle Anwesenden besser als sie selbst über das was sie gedichtet hatten. Ich erfuhr also auch von den

Dichtern in kurzem dieses, dass sie nicht durch Weisheit dichteten, was sie dichten, sondern durch eine Naturgabe und in der Begeisterung, eben wie die Wahrsager und Orakelsänger. Denn auch diese sagen viel Schönes, wissen aber nichts von dem, was sie sagen, eben so nun ward mir deutlich, dass es auch den Dichtern erginge. Und zugleich merkte ich, dass sie glaubten, um ihrer Dichtung willen auch in allem Übrigen sehr weise Männer zu sein, worin sie es nicht waren.«

Enttäuscht musste Sokrates feststellen, dass die Dichter zwar nachweislich hochkreative Leistungen erbracht hatten, aber nicht aus Wissen und Weisheit heraus, sondern lediglich aufgrund eines natürlichen Talents. Gesichertes Wissen war auch von ihnen nicht zu erhalten.

Das Nichtwissen der Handwerker

Nach den Politikern, Rednern und Dichtern wandte sich Sokrates zuletzt an die »Macher« seiner Zeit: »Zum Schluss nun ging ich auch zu den Handwerkern. Denn von mir selbst wusste ich, dass ich gar nichts weiß, um es geradeheraus zu sagen, von diesen aber wusste ich doch, dass ich sie vielerlei Schönes wissend finden würde. Und darin betrog ich mich nun auch nicht, sondern sie wussten wirklich, was ich nicht wusste, und waren in sofern weiser. Aber, ihr Athener, denselben Fehler wie die Dichter, dünkte mich, hatten auch diese trefflichen Meister. Weil er seine Kunst gründlich erlernt hatte, wollte jeder auch in den andern wichtigsten Dingen sehr weise sein, und diese ihre Torheit verdeckte jene ihre Weisheit.« Selbst bei den Baumeistern und Kunsthandwerkern fand Sokrates also nichts als Selbstüberschätzung und ausgeprägtes Scheinwissen, wenn es um Fragen der Weisheit ging.

Am Ende blieb Sokrates nur die resignierte Einsicht, dass alle von ihm Befragten nicht einmal wussten, dass ihr Wissen fehlerhaft und mangelhaft war. Daher musste er entgegen seiner eigentlichen Erwartungen zu dem Schluss kommen, dass er selbst in der Tat der Weiseste war. Schließlich war er sich zumindest des eigenen Nichtwissens bewusst.

Erfahrungen durch Wissen festigen

Wer Platons Dialoge liest, bei denen Sokrates wohl zumindest in den frühen Werken in seiner eigenen Anschauung und Methodik dargestellt wurde, der kann nicht umhin, den Scharfsinn dieses bescheidenen Fragers zu bewundern. Anscheinend konnte Sokrates sich mühelos den Verlauf eines Gesprächs merken und immer wieder zum kritischen Kern der jeweiligen Untersuchung vorstoßen. Gleichzeitig schöpfte er auch immer aus einem eigenen, fundierten Erfahrungsschatz. Obwohl er sich offene Fragen eingestand, hatte er doch gleichzeitig oft ein Verständnis, das dem der angeblichen Experten gleichkam oder es sogar übertraf.

Als Sokrates etwa mit dem Priester Euthyphron kurz vor seiner Verurteilung zum Tode die Frage zu klären suchte, was Frömmigkeit wäre, sprach er dabei auch aus einer tiefen eigenen Frömmigkeit heraus. Zu diesem Zeitpunkt hatte er schon lange gehorsam auf eine innere Stimme gehört, die ihn manchmal vor bestimmten Handlungen warnte – wie etwa die Warnung, sich nicht an der Athener Politik zu beteiligen. Das erwies sich als guter Rat, denn fast alle Machtpolitiker gerieten in dem dauernden Auf und Ab zwischen Demokratie und Aristokratenherrschaft früher oder später in die Mühlen der Politik und endeten in der Verbannung oder wurden von der Seite, die sich gerade an der Macht befand, zum Tode verurteilt. Sokrates selbst konnte einem solchen Schicksal zumindest bis zum Alter von 70 Jahren entgehen, was sicherlich nicht möglich gewesen wäre, wenn er sich an den politischen Wirren seiner Zeit beteiligt hätte

Als Sokrates wiederum mit dem Kriegshelden Laches das Wesen der Tapferkeit diskutierte, sprach er auch dort aus Erfahrung. Sokrates nahm in seiner Lebenszeit an mindestens drei der griechischen Bürgerkriege als Soldat teil und zeichnete sich dabei durch außergewöhnliche Tapferkeit aus. Einmal rettete er sogar dem späteren Athener Führer Alkibiades das Leben, als er den Verwundeten mitten im Schlachtgetümmel vom Schlachtfeld trug. Auch politisch zeigte Sokrates großen Mut, als er einmal zu einem politischen Amt gezwungen und von den dreißig Tyrannen beauftragt wurde, einen Unschuldigen, aber politisch Unbotmäßigen zu verhaften und der Todesstrafe zuzuführen. Statt dem Befehl zu gehorchen, ging Sokrates seelenruhig nach Hause und unternahm nichts. Wahrscheinlich rettete ihm damals nur die kurz darauf erfolgende Ablösung der Tyrannenherrschaft das Leben. Sokrates selbst beschreibt diese Situation in seiner Verteidigungsrede vor den Athenern folgendermaßen: »Nachdem aber die Regierung an einige wenige gekommen, so ließen einst die Dreißig mich mit noch vier anderen auf die Tholos holen und trugen uns auf, den Salaminier Leon aus Salamis herzubringen, um ihn hinzurichten, wie sie denn dergleichen vieles vielen andern auch auftrugen, um so viele als irgend möglich in Verschuldungen zu verstricken. Auch da nun zeigte ich wiederum nicht durch Worte, sondern durch die Tat, dass der Tod, wenn euch das nicht zu bäurisch klingt, mich auch nicht das Mindeste kümmerte, nichts Ruchloses aber und nichts Ungerechtes zu begehen, mich mehr als alles kümmert. Denn mich konnte jene Regierung, so gewaltig sie auch war, nicht so erschrecken, dass ich etwas Unrechtes tat. Sondern als wir von der Tholos herunterkamen, gingen die viere nach Salamis und brachten den Leon; ich aber ging meines Weges nach Hause. Und vielleicht hätte ich deshalb sterben gemusst, wenn nicht jene Regierung kurz darauf wäre aufgelöst worden. Dies werden euch sehr viele bezeugen können.«

Sokrates war bei seinen Zeitgenossen für seine Tapferkeit berühmt. Trotzdem ließ er sich von der eigenen Biographie nicht blenden. Als der Krieger Laches die Tapferkeit vor dem Feind als die eigentliche Form des Mutes propagierte, hielt Sokrates dagegen: »Das ist nun eben was ich meinte, ich wäre Schuld daran, dass du nicht recht geantwortet hast, weil ich dich nicht recht gefragt habe; denn ich wollte nicht nur erfahren, welches die Tapfern im Fußvolke wären, sondern auch in der Reiterei, und in Allem was zum Kriege gehört; und nicht nur die im Kriege, sondern auch die Tapfern in den Gefahren zur See, ferner auch die, welche in Krankheiten und in Armut und in der Staatsverwaltung tapfer sind, ja noch mehr, nicht nur die gegen den Schmerz tapfer sind und gegen die Furcht, sondern auch die gegen Begierden und Lust stark sind zu fechten, und sowohl standhaltend als umwendend. Denn es sind doch Einige, o Laches, auch in diesen Dingen tapfer?« Dann erweiterte er die mögliche Definition noch auf die Selbstbeherrschung und Selbstüberwindung des Menschen: »Tapfer also sind alle diese, aber Einige beweisen in der Lust, Einige in der Unlust, Einige in der Begierde, Einige in der Furcht ihre Tapferkeit: Andere aber dagegen, meine ich, Feigheit eben hierin?«

Erstaunlicherweise wissen am Ende aber weder der Priester Euthyphron noch der Krieger Laches die jeweiligen Definitionen über das von Sokrates offengelegte Maß hinaus zu verbessern und zu klären. Für Sokrates enden daher beide Gespräche damit, dass keine zufriedenstellende Lösung auf die Fragen, was Frömmigkeit oder Tapferkeit seien, gefunden werden konnte. Klar wurde jedoch, was beides nicht nur ist, und allein diese Eliminierung von unzureichenden Definitionen wertete Sokrates als Fortschritt.

Bei diesen Dialogen zeigte Sokrates, dass er sich vor allem darauf konzentrierte, welche Vorstellungen noch unzulänglich waren. Er hatte seine eigenen Vorstellungen, aber gerade diese wollte er mit Hilfe seiner Dialogpartner überprüfen. Dem Priester Euthyphron entgegenete er zum Beispiel an einer Stelle: »Sehr schön, o Euthyphron, und so wie ich wünschte, dass du antworten möchtest, hast du jetzt geantwortet. Ob indes auch richtig, dass weiß ich noch nicht. Allein du wirst mir gewiss auch das noch dazu zeigen, wie es richtig ist, was du sagst.«

Später sagte er im Gespräch über die Frömmigkeit: »Wollen wir nun nicht wieder dieses in Betrachtung ziehen, ob es gut gesagt ist, Euthyphron? Oder es lassen, und so leicht mit uns selbst und andern zufrieden sein, dass wenn nur jemand behauptet, etwas verhalte sich so, wir es gleich einräumen und annehmen? Oder muss man erst erwägen, was der wohl sagt, der etwas sagt?«

Vor dem Rat der Athener betonte Sokrates später: »Denn das bin ich mir doch bewusst, dass ich weder viel noch wenig weise bin.«

> **Denn das bin ich mir doch bewusst, dass ich weder viel noch wenig weise bin.**

Sokrates wurde im Laufe der Geschichte immer wieder eine Art falsche Bescheidenheit zugesprochen. Er hätte angeblich nur vorgegeben, nichts zu wissen, um seinen jeweiligen Gesprächspartner aufs Glatteis zu führen und bloßzustellen. Obwohl Sokrates in praktisch allen Dialogen mit auf den ersten Blick fast zynisch wirkenden Fragen am Ende immer die Oberhand behielt, betonte er immer wieder, dass es ihm nicht darum ginge, recht zu behalten, sondern darum, im gemeinsamen Dialog die Wahrheit aufzudecken oder zumindest eine klarere Vorstellung vom eigenen Nichtwissen zu erhalten. Es störte Sokrates weniger, wenn wichtige Fragen nicht in einem einzigen Dialog geklärt werden konnten. Es genügte ihm, erst einmal die Bereiche des Nichtwissens enger einzugrenzen.

> Klug ist, wer weiß, was er nicht weiß.

Mit seiner radikalen Wahrheitssuche geriet Sokrates immer wieder in Konflikt mit den Sophisten, der Berater- und Trainerelite Athens, die gegen hohe Honorare die Söhne der Adligen und vor allem auch die Söhne des aufstrebenden Bürgertums auf eine erfolgreiche politische Karriere vorbereiteten. Er entlarvte die Tatsache, dass diese Beraterelite zwar bereitwillig mit Begriffen und Ratschlägen um sich warf, am Ende aber einer ernsthaften Überprüfung des eigenen Standpunkts nicht standhalten konnte.

Nichtwissen und Management

Auch in unserer heutigen Zeit würde Sokrates im modernen Management wohl ähnliche Erfahrungen machen. Er würde auf ausgefuchste Topmanager treffen, die die Klavitatur der Unternehmenspolitik zwar makellos beherrschen, im Grunde aber weit weniger über effektive Führung und nachhaltige Strategien wissen, als sie glauben und andere glauben machen.

Und er würde auf junge Kreative treffen, die sich viel auf ihre Einfälle einbilden, auch wenn diese nicht auf fundiertem Wissen über die Zusammenhänge im Unternehmen und im Markt aufbauen, sondern eher durch reines Talent entstehen. Aber selbst eine hochkreative Marketingkampagne muss nicht der Weisheit letzter Schluss sein. Da hätte es vielleicht noch viel bessere Möglichkeiten gegeben, da sind vielleicht vielversprechendere Chancen ungenutzt geblieben.

Auch die Praktiker und Macher im Management bilden sich oft viel auf ihre Erfolge ein, ohne wirklich die Gesamtzusammenhänge zu verstehen, und reagieren dann überrascht, wenn plötzlich Probleme auftreten, mit denen sie gar nicht gerechnet haben.

Ganz zu schweigen von den teuren Beratungsleistungen, die nicht selten verpuffen, weil die Berater selbst die angewandten Konzepte in ihrer letzten Konsequenz und ihrer tieferen Bedeutung nicht richtig verstanden und sich nie die Mühe gemacht haben, die hinter den Beratungskonzepten stehenden Philosophien kritisch zu überprüfen und auf eine gesicherte Grundlage zu stellen.

Sokrates selbst wäre wahrscheinlich der Alptraum aller Neuerer im Management gewesen. Er hätte die Grundlagen ihrer Gedankengänge und Schritte kritisch hinterfragt. Welches Menschenbild steht hinter dem jeweiligen Umgang mit den Mitarbeitern? Wie werden die Kunden gesehen? Was sind die grundlegenden Ziele, die ein Unternehmen anstreben sollte? Gibt es mehrere Aspekte, die gesamthaft verwirklicht werden müssen, wenn das Unternehmen erfolgreich sein will? Geht es wirklich nur um Profit für die Investoren, um den Shareholder-Value?

Ein Manager, der Sokrates' Ansatz nutzt, wird durch kritisches Hinterfragen aus der Flut der immer neuen und am Ende oft belanglosen Managementmoden das herausfiltern können, was für seine Arbeit wirklich auf Dauer wertvoll ist. Er wird so nur mit geprüften und schlagkräftigen Konzepten arbeiten und hat daher gute Chancen, auch nachhaltig erfolgreich sein.

Wie aber hätte Sokrates diese tiefreichende Erkenntnis von Nichtwissen, verbunden mit einer ernsthaften Suche nach echtem, gesichertem Wissen in die Wege geleitet?

Die Macht des Nichtwissens

Das Verständnis des eigenen Nichtwissens bot Sokrates die Basis für eine der wichtigsten intellektuellen Leistungen der westlichen Geschichte. Es brachte ihn auch direkt in Gegnerschaft zu den meisten Sophisten, die für sich in Anspruch nahmen, die eigentliche intellektuelle Elite Griechenlands zu sein.

Die meisten Sophisten waren Relativisten. Sie vertraten keine festen Werte außer dem Erfolg. Es ging ihnen nicht darum, den Menschen dabei zu helfen, nach irgendeinem ethischen Maßstab richtig zu handeln. Genauso wenig ging es ihnen um das Auffinden verlässlicher Wahrheiten, denn sie glaubten meist, dass es gar keine objektiven Wahrheiten gäbe. In ihren Augen schuf sich jeder Mensch nach eigenem Nutzen und Gutdünken seine eigene Wahrheit. Was zählte, war allein die Fähigkeit, andere zur eigenen Sichtweise zu überreden.

Dieser Ansatz spiegelt in fast erschreckender Weise das wieder, was wir heute im Management erleben. Nehmen wir zum Beispiel ein Meeting, bei dem das Budget für das kommende Jahr diskutiert werden soll. Kaum einer der Beteiligten wird sich dabei dafür interessieren, was das nächste Jahr wirklich an Herausforderungen bringen könnte, um dann das Budget entsprechend zu gestalten. Jeder will nur den größtmöglichen Anteil für seinen eigenen Bereich sichern. Ob das auch für das Unternehmen als Ganzes sinnvoll ist, bleibt dahingestellt. Rein instinktiv weiß ja jeder sowieso, dass produktive Vorhersagen auf Jahresbasis mittlerweile fast unmöglich geworden sind.

Besonders brisant werden diese Spekulationen dann, wenn es um die Festlegung der Ziele für die eigene Arbeit oder die Arbeit der Abteilung geht, vor allem wenn ein wesentlicher Teil des eigenen Gehalts von der Zielerreichung abhängt. Da wird dann gerne bei den Zielen tiefgestapelt, beim Budget aber werden maximale Forderungen gestellt. Da die Verwirklichung der Unternehmensstrategien wesentlich von den jeweiligen Budgetzuweisungen und Leistungs- und Zielvereinbarungen abhängt, heißt das, dass im Prinzip die gesamte strategische Ausrichtung des Unternehmens jedes Jahr politischen Spielchen und dem Machtpoker von Abteilungen und Bereichen zum Opfer fällt.

Sokrates teilte nicht die Meinung der Sophisten, dass alles im Leben relativ und verhandelbar ist, und er würde auch heute die politischen Spielereien in den Unternehmen nicht gutheißen. Selbst Erfolg stand für ihn nur auf tönernen Füßen, wenn er nicht auf tieferem Verständnis und festen Werten gegründet war.

Was können wir aus Sokrates' Sicht des Nichtwissens auch fürs Management lernen? Wo würde Sokrates in unseren Unternehmen wesentliches Nichtwissen identifizieren, und auf welche Fragen würde er unsere Aufmerksamkeit lenken?

Sokrates hinterfragte bei weitem nicht alles. Er zeigte sich zum Beispiel gegenüber den Fragen um das Wesen des Kosmos und der Natur weitgehend desinteressiert. Und wenn er wieder an einem Festgelage mit Freunden teilnahm, bei denen er wegen seiner Freundlichkeit und seines Scharfsinns ein gerngesehener Gast war, dann hinterfragte er nicht die Wahl des Essens oder des Weines seines Gastgebers. Sokrates befasste sich nicht mit allen Fragen, sondern ganz speziell nur mit denen, die er für die wichtigen und wesentlichen hielt.

Der Manager, der sich Sokrates zum Vorbild nimmt, wird deshalb als ersten Schritt die Fragen identifizieren, bei denen Scheinwissen gefährlich für den Unternehmenserfolg ist. Erst dann wird er in diesem identifizierten wichtigen Problembereich den Prozess des systematischen Hinterfragens beginnen. Wie aber können solche Fragen identifiziert werden?

Wahrheitssuche im Dialog

Die einzigartige und vielleicht wichtigste Perspektive, die Sokrates in seinen Ansatz der Weisheitssuche einbrachte, war seine Bereitschaft, sein eigenes Wissen in den Punkten, die er für wichtig hielt, immer wieder kritisch auf den Prüfstand zu stellen. Er war unter seinen Freunden dafür bekannt, dass er manchmal völlig gedankenverloren sein konnte. Einmal war er auf dem Rückweg von einer Feier einfach mitten im Schritt auf der Straße stehen geblieben. Ein Freund sah ihn so, in seinen eigenen Gedanken verloren, einige Stunden stehen, um nachzudenken. Zum Leidwesen vieler seiner Zeitgenossen glaubte Sokrates aber, dass der beste Weg zur Erkenntnis der vorbehaltlose Dialog mit anderen Menschen wäre. Er nutzte diese Kommunikationsmöglichkeit regelmäßig, um sein eigenes Denken anhand der Vorstellungen anderer zu überprüfen.

Vor dem Athener Gericht betonte Sokrates noch einmal, dass er nicht aus arroganter Überheblichkeit, sondern aus echtem Interesse, zu zuverlässigen Erkenntnissen zu gelangen, kompromisslos Scheinwissen entlarvte: »Es glauben nämlich jedes Mal die Anwesenden, ich verstände mich selbst darauf, worin ich einen andern zu Schanden mache.« Dem war aber keineswegs so. Sokrates sah seine Art, sich mit dem Wissen eines anderen auseinanderzusetzen, vor allem auch als ein wichtiges Instrument, selbst zu echtem Wissen zu gelangen. In seinen Augen hatte er seinen Gesprächspartnern nur voraus, dass er in der Lage war, zu erkennen, wenn eine Antwort auf eine wesentliche Frage nicht zutreffend war. Dass hieß nicht, dass er die Antwort wusste, es hieß nur, dass er sich nicht mit Falschem oder Unzureichendem zufrieden gab.

Viele seiner Mitbürger nahmen Sokrates seine kompromisslose Handlung gegen Scheinwissen übel. Es kollidierte mit ihren Karriereplänen und Lebenslügen. Sie hatten gut damit gelebt, anderen und sich selbst etwas vorzumachen, und sahen nun ihre Lebensgrundlage bedroht. Diese Männer waren wahre Virtuosen, wenn es darum ging, die öffentliche Meinung zu manipulieren und kollektive Entscheidungen so zu beeinflussen, dass diese vor allem dem eigenen Wohl dienten. Sie waren dagegen völlig überfordert, wenn es nötig war, wirklich zu wissen, was für alle Beteiligten langfristig das Beste war. Es ging ihnen nicht um Wissen, sondern um Einfluss.

Im Gespräch mit dem Sophisten und Politiker Kallikles, der kompromisslos an das Recht des Stärken glaubte und daran, dass zu viel Philosophieren den Macher nur davon abhalten würde, in seinem Leben seine eigene Stärke erfolgreich einzusetzen, kritisierte Sokrates die Einstellung, dass zu viel Wissen nur schadet: »Und ich habe euch einmal behorcht als ihr beratschlagtet, wie weit man sich mit der Wissenschaft abgeben müsse, und weiß, dass eine solche Meinung unter euch die Oberhand behielt, man müsse es nicht bis aufs Äußerste treiben wollen mit der Philosophie, vielmehr ermahntet ihr euch untereinander, auf eurer Hut zu sein, damit ihr nicht weiser würdet als schicklich, und dadurch unvermerkt in Unglück gerietet.«

In der Vergangenheit haben auch viele Manager die Meinung vertreten, dass zu viel Wissen zu Skrupeln führt und die Entscheidungskraft hemmt. Eine solche Haltung mag früher tatsächlich zu mehr Profit geführt haben. Mittlerweile ist sie aber weitgehend überholt. In einer Wissensökonomie mit globaler Verflechtung und Informationsfluss gelten andere Spielregeln. Nun sind kreativitätsfördernde Menschenführung und informationspolitische Transparenz neue Erfolgsfaktoren. In einem Bereich hat sich die Situation allerdings deutlich verschärft: Die Toleranz für Fehler im Management ist deutlich zurückgegangen. Angesichts globaler Konkurrenz gibt es kaum noch die Möglichkeit, Fehler zu machen, die ohne Konsequenzen bleiben.

Ein gravierender Fehler ist dabei zunehmend, Nichtwissen zu leugnen und nicht produktiv damit umzugehen. Ein aktuelles Beispiel ist der Fall *Siemens*, dessen Handy-Sparte nur noch Verluste einfuhr und deshalb 2005 an den taiwanesischen Konzern *BenQ* verkauft wurde. Dem früheren *Siemens*-Management der Sparte wird heute vorgeworfen, wichtige Trends wie Klapp-Handys oder Handys mit Kamera, Farbdisplay und MP3-Spieler verschlafen zu haben. Als *BenQ* nur ein Jahr nach dem Kauf der Sparte der Produktion in Deutschland den Geldhahn zudrehte und die verlustreiche Tochter Insolvenz anmelden musste, war der Aufschrei groß. Siemens wurde beschuldigt, sich so auf indirekte Weise seiner Mitarbeiter aus dem Handy-Bereich entledigt zu haben. *Siemens*-Manager und der Aufsichtsratschef und langjährige Vorstandsvorsitze Heinrich von Pierer reagierten dagegen überrascht über das plötzliche Aus für den deutschen *BenQ*-Produktionsstandort.

Dies ist ein typisches Beispiel für die Komplexität von Nichtwissen: Trends wurden verschlafen und keiner rechnete damit, dass der gesamte *Siemens*-Konzern deshalb einmal im Kreuzfeuer der

Kritik stehen würde. Entweder wusste *Siemens* wirklich nicht, dass es *BenQ* wahrscheinlich vor allem um die *Siemens*-Patente ging und man danach die deutsche Produktion ziemlich schnell dicht machen würde, oder *Siemens* war sich nicht bewusst, welch ein immenser Image-Schaden für das Gesamtunternehmen aus der Affäre erwachsen würde. Oder vielleicht gab es sogar Nichtwissen in beiden Punkten.

Dieses Beispiel ist zum Zeitpunkt des Schreibens dieses Buches gerade aktuell, aber bei Weitem kein Einzelfall. Täglich gibt es in der Wirtschaft Triumphe und Niederlagen, Erfolge und Versagen und praktisch immer ist automatisch Nichtwissen im Spiel. Denn hätten Siemens und andere Verlierer gewusst, was auf sie zukommt, hätten sie höchstwahrscheinlich anders gehandelt.

Werden Sie Experte im Nichtwissen

Wo gibt es spezifisches Nichtwissen im Management? In vielen Bereichen. In unserer weltweit verflochtene Wirtschaft nimmt die Überschaubarkeit der Gegenwart und die Vorhersehbarkeit der Zukunft kontinuierlich ab.

Analysieren Sie einmal im Stillen Ihren eigenen Aufgabenbereich, Ihr Unternehmen, die Wirtschaft und das Leben an sich aus der Perspektive des Nichtwissens. Jeder Mensch, der das tut, wird erstaunt sein. Es gibt so vieles was wir nicht wissen, so viele Überzeugungen und Vorstellungen, die wir, wenn wir sie einmal hinterfragen, nicht wirklich begründen und belegen können. Vieles haben wir einfach von anderen übernommen, ohne es jemals selbst überprüft und durchdacht zu haben.

Ein Weg, im Alltag unser eigenes Nichtwissen besser zu erkennen, liegt darin, das öfter auftretende schwammige Gefühl, da sei etwas nicht stimmig, nicht einfach zu ignorieren. Sokrates hatte es sich zum Prinzip gemacht, solche Zweifel nicht einfach zu ignorieren oder vor anderen zu überspielen. Nach längerer Diskussion mit Kritias über das Wesen und den Nutzen der Besonnenheit, bekam Sokrates plötzlich das mulmige Gefühl, dass die Diskussion nicht in die richtige Richtung ging. Ohne Zögern gab er das zu, wie er selbst berichtete: »Ich glaube wohl, sagte ich, dass ich fasele; aber doch muss man, was einem vorschwebt, in Betrachtung ziehen und nicht leichtsinnig vorübergehn, wenn einem auch nur im Mindesten an sich selbst etwas gelegen ist.« Sobald Zweifel aufkamen, bot Sokrates sofort Einhalt. Er war davon überzeugt, dass man es sich als Mensch selbst schuldete, keine Zweifel einfach stehen zu lassen.

Lasse Zweifel niemals unbeachtet.

Angesichts des zunehmenden Konkurrenzdrucks in den Unternehmen, kommen vielen Zweifel daran auf, ob ein Managen wie bisher nicht doch allmählich an seine Grenzen stoßen wird. Immer mehr Unternehmen, auch große Konzerne, erleben in vielen Bereichen Misserfolge oder geraten sogar in existenzbedrohende Krisen. Und das ist erst der Anfang. Wenn Länder wie China, Indien oder Brasilien erst einmal zu ihrer vollen Stärke aufgelaufen sind, wird sich die Unsicherheit wesentlich verstärken. Die Zukunft wird uns noch viele Fragen aufwerfen, deshalb bringt es einen deutlichen Wettbewerbsvorteil und letztendlich einen Wissensvorsprung, wenn wir heute schon lernen, für unser Nichtwissen offen zu werden und effektive Wege zu seiner Überwindung zu finden.

Wie aber sieht die heutige Realität in den Unternehmen aus? Haben Sie jemals in einem Meeting den Satz gehört »Das weiß ich nicht?« Haben Sie ihn jemals vor Kollegen oder gar Vorgesetzten ausgesprochen? »Wir sind noch dabei, das zu eruieren«, ist da wohl noch das weitgehendste Zugeständnis. Wie aber steht es mit »Daran habe ich noch gar nicht gedacht«? Die meisten Unternehmen haben eine Kultur, in der ein Eingeständnis von Nichtwissen als kritische Schwäche ausgelegt werden würde. Aber erst, wenn wir ganz spezifisch bei wichtigen Fragen ein Bewusstsein, ja ein Gespür für Nichtwissen entwickeln, können wir danach zu sinnvollen Antworten fortschreiten.

Eine der wichtigsten Quellen zur Überwindung von Nichtwissen liegt im Wissen der Mitarbeiter. Mehr denn je braucht jedes Unternehmen ständige Innovationen und effektive Strategien um sich am globalen Markt behaupten zu können.

Welches Wissen aber haben Ihre Mitarbeiter überhaupt? Und wo liegen bei ihnen gefährliche Wissenslücken? Der beste Weg, das herauszufinden, ist, gezielt Fragen zu stellen.

Wenn ein Mitarbeiter beim nächsten Meeting auf Themen zu sprechen kommt, in denen Sie sich in Wahrheit nicht wirklich auskennen, dann fragen Sie ganz einfach nach. »Was meinen Sie denn mit ... ?« kann da entscheidend weiterhelfen. Ganz im Sinne von Sokrates gilt es dann, so konkret wie möglich nachzuhaken. Entweder erhalten Sie dann eine Antwort, die Sie zufrieden stellt und Ihnen bei Ihrem eigenen Verständnis weiterhilft, oder Sie decken Schein- und Nichtwissen auf, und die Diskussion kann dann vielleicht in produktivere Bahnen gelenkt werden. Denn wer sich mit einem »Was?«, »Warum?«, »Was oder wem nutzt das wirklich?« konfrontiert sieht, wird sich meist schon von allein um besser fundierte und damit auch besser zu verteidigende Standpunkte und Vorschläge bemühen.

Mittlerweile sind die Kreativität und die Denkfähigkeit der Mitarbeiter zu einem wichtigen Bestandteil der meisten unternehmerischen Wertschöpfungsprozesse geworden. Auch wenn die Mitarbeiter oft nicht mitentscheiden dürfen, müssen sie aber heutzutage zumindest mitdenken, wenn die jeweiligen Prozesse zu einem Erfolg führen sollen.

Wie aber kann die begeisterte Mitarbeit der Mitarbeiter gewonnen werden? Studien aus dem Bereich der Managementforschung haben bereits gezeigt, dass Mitarbeiter dann den größten Einsatz zeigen, wenn sie von der verordneten Maßnahme überzeugt sind. Und der beste Weg, Mitarbeiter zu überzeugen, ist, sie an dem Entscheidungsfindungsprozess zu beteiligen.

Gerade an diesem Knackpunkt erweist sich Sokrates in seiner Methodik für den Manager als wertvolle Hilfe. Er hat einmal gesagt, dass er vom Vater (der Bildhauer war) gelernt habe, den Dingen die richtige Form zu geben und von seiner Mutter (einer Hebamme), die Wahrheit gezielt ans Tageslicht zu fördern. Sokrates sah keinen Sinn darin, anderen seine Überzeugungen aufzuzwingen. Stattdessen sah er seine Aufgabe darin, anderen dabei zu helfen, ihr eigenes Wissen sozusagen zur Welt zu bringen.

Hinzu kommt das psychologische Element: Menschen finden vor allem die Mitmenschen besonders sympathisch, die sich für ihre Meinung interessieren und das durch möglichst viel Nachfragen zum Ausdruck bringen. Geschicktes Fragen kann Ihnen so sowohl als Führungs- als auch als Lerninstrument dienen.

Vor allem aber sollten Sie einmal eine ehrliche Inventur Ihres eigenen Nichtwissens vornehmen. Gerade in Zeiten des Internets sind die Informationsmöglichkeiten nahezu unbegrenzt. Sie können sich durchaus ganz privat ihre Wissenslücken füllen, sobald Sie erst einmal ehrlich genug zu sich selbst waren, diese zuzugeben.

Sobald Sie dann einen respektablen Fundus an weitgehend gesichertem Wissen erworben haben, werden Sie umso besser in der Lage sein, Ihre Mitarbeiter, Kollegen und Vorgesetzte durch intelligente und respektvolle Fragen zu effektiven Lösungen zu führen. Ihre Schlagkraft wird so entscheidend gestärkt und Ihre eigenen Unsicherheiten werden deutlich abnehmen. So können Sie auf authentische Weise souverän sein.

Ein Eingeständnis von Nichtwissen wird Ihnen aber nicht nur beruflich, sondern auch privat weiterhelfen. Auch im Umgang mit dem Partner und den Kindern wirkt nichts glaubwürdiger, als wenn Sie sich entweder auf überprüfte und gesicherte Erkenntnis berufen können oder jederzeit bereit sind, sich durch Nachfragen eines Besseren belehren zu lassen, falls dies gerechtfertigt sein sollte.

Wenn Sie Nichtwissen als Richtschnur für ihre Führungsaufgabe einsetzen wollen, müssen Sie Ihr eigenes Nichtwissen richtig definieren. Nichtwissen kann nämlich durchaus als Instrument für bessere Managemententscheidungen eingesetzt werden, es muss dazu aber richtig erkannt und definiert werden. Es lassen sich zwei Arten von Nichtwissen unterscheiden:

Zum einen gibt es spezifisches Nichtwissen. So wird zum Beispiel durch geschicktes Nachfragen deutlich, dass eine Person oder ein Unternehmen noch immer gravierende Wissenslücken besitzt. An diesem Punkt ist es noch nicht wichtig, festzulegen, ob dieses Informationsdefizit auf realistische Weise überwunden werden kann, etwa durch gezielte Marktforschung, oder ob die jeweilige Entscheidung unter Berücksichtigung des jeweiligen Nichtwissens gefällt werden muss. Auf jeden Fall ist es sinnvoll, spezifische Wissenslücken klar und deutlich offen zu legen und nach sinnvollen Antworten zu suchen. Spezifisches Nichtwissen erleichtert den Erwerb von relevantem Wissen, da wir wissen, welche Informationen fehlen – wir kennen also die Fragen – oder aber es ermutigt, auf die Füllung der Wissenslücken bewusst zu verzichten, wenn dies zu viel Aufwand und Kosten verursachen würde.

Es gibt aber auch unspezifisches Nichtwissen.

Wir kennen dann nicht einmal die Fragen. Ein Beispiel hierfür ist die Entwicklung des Internets. Wer hätte wirklich im Voraus wissen können, wie sehr das World Wide Web unsere Welt verändern würde und es immer noch tut. Bei den meisten Managemententscheidungen besteht immer ein Restrisiko, weil niemand alle Faktoren kennen kann, die den Ausgang beeinflussen können. Es hilft bei der Entscheidungsfindung, diese »weißen Flecken« zu berücksichtigen. Ein solch unspezifisches Nichtwissen hat vor allem bei Zukunftsfragen eine besondere Bedeutung: Niemand weiß genau, was die Zukunft bringen wird. Mit Hilfe von »Worst-Case-Szenarios« oder »Best-Case-Szenarios« können wir aber manchmal abklären, was die Zukunft höchstwahrscheinlich bereithält.

Sokrates hat seine philosophische Arbeit unter Berücksichtigung beider Arten von Nichtwissen ausgeübt. Zum einen hat er immer hartnäckig nachgefragt, wenn ihm zum Beispiel eine Definition eines Begriffes nicht konkret genug war. Er hat also darauf gepocht, spezifisches Nichtwissen gezielt zu überwinden.

Auf der anderen Seite hat er aber auch unspezifisches Nichtwissen eingesetzt. Als er im Alter von 70 Jahren der Gotteslästerung und der Irreführung der Jugend angeklagt wurde, begründete er seine Gleichgültigkeit gegenüber einem möglichen Todesurteil damit, dass kein Mensch wisse, wie ein (mögliches) Leben nach dem Tod eigentlich aussieht. Da dies niemand wisse, mache es auch keinen Sinn, sich vor dem Tod zu fürchten, denn mit ihm könnten schließlich auch positive Aspekte verbunden sein. So entgegnete Sokrates nach seinem Todesurteil den Richtern: »Jedoch – es ist Zeit, dass wir gehen: ich um zu sterben, und ihr um zu leben. Wer aber von uns beiden zu dem besseren Geschäft hingehe, das ist allen verborgen außer nur Gott.«

Bereiche des Nichtwissens im Management

Jeder Manager sieht sich vor die Aufgabe gestellt, seinen Beitrag zum Unternehmenserfolg zu leisten. Dazu muss er den Markt kennen sowie die Möglichkeiten und Begrenzungen des eigenen Unternehmens. Und er muss aus diesem Wissen effektive Strategien für das Unternehmen mitentwickeln und zu deren erfolgreicher Umsetzung beitragen.

Fehler entstehen dort, wo entweder falsche Vorstellungen über die Marktrealität oder die Unternehmenskapazität vorherrschen oder wo unzureichende Problemlösung und Chancenwahrnehmung betrieben werden. Entscheidend zur Vermeidung von Fehlentscheidungen trägt daher eine Identifizierung von Nichtwissen in zwei unterschiedlichen Bereichen bei.

Nichtwissen über Wahrnehmungsdefizite

Richtige Entscheidungen setzen in der Regel korrekte Informationen über die externe und interne Umwelt voraus. Vor wichtigen Entscheidungen versucht ein verantwortungsvolles Management natürlich, alle relevanten Informationen zu sammeln und sich fachkundigen Rat einzuholen. Trotzdem werden immer wieder Fehler gemacht. Eine wesentliche Fehlerursache liegt dabei in Wahrnehmungsdefiziten.

Erfolge und Misserfolge der *Vergangenheit* können falsch interpretiert werden. Zum einen verhindert das wichtige Lerneffekte, falls Fehler der Vergangenheit nicht richtig erkannt werden. Zum anderen können aber auch Erfolge in der Vergangenheit ein trügerisches Sicherheitsgefühl bewirken: Entscheidende Veränderungen werden nicht wahrgenommen oder man sieht sich gar nicht veranlasst, überhaupt auf Veränderungen zu achten.

Wahrnehmungsdefizite entstehen ebenfalls, wenn das gegenwärtige Marktgeschehen sowie die aktuelle Situation im Unternehmen falsch eingeschätzt werden oder erst gar keine umfassende Analyse stattfindet.

Selbst bei korrekter Wahrnehmung der Vergangenheit und der Gegenwart kann sich das Management bei der Prognose der sich daraus ergebenden *Zukunft* täuschen.

Ein Bewusstsein für Nichtwissen in diesen Bereichen kann zu einem produktiveren Umgang mit den Managementherausforderungen führen: Wenn die jeweilige Entscheidung nicht drängt und ohne größeres Risiko abgewartet werden kann, sollte man die Zeit nutzen und die Entscheidung durch die Beschaffung von relevanten Informationen besser vorbereiten. Aber auch wenn diese Zeit fehlt, kann eine Erkenntnis von Nichtwissen zumindest dabei helfen, das Entscheidungsrisiko besser einzuschätzen und entsprechend bewusster zu handeln.

Nichtwissen über Begriffe

Nichtwissen gibt es auch im Bereich der Begriffe. Als Individuen schaffen wir uns selbst die letztendlichen Definitionen für die von uns verwendeten Begriffe. Aber verstehen wir auch die Definition, die unser jeweiliges Gegenüber einem wichtigen Begriff beimisst? Und wie können wir zu einer gemeinsam geteilten Definition oder zumindest zu einem Verständnis anderweitiger Positionen gelangen? Gerade im Bereich der Begriffe wird im Management viel Schindluder getrieben.

So werden Begriffe gerne als »Totschlagargumente« in Diskussionen geworfen und in Meetings propagiert. Oder sie sind sehr subjektiv geprägt und ihre angebliche Bedeutung wird je nach Ego des Diskussionsteilnehmers vehement verteidigt. Wäre es stattdessen nicht ratsamer, offenzulegen, dass Begriffe unklar gebraucht werden, und auf der Erarbeitung einer gemeinsamen Definition zu bestehen? Das hilft nicht nur unternehmensintern. Auch nach außen wird mehr Kompetenz vermittelt, wenn man etwa bei der Auftragsvergabe an Berater auf einer Klärung sämtlicher relevanter Begriffe besteht.

Vor allem bestimmen die Worte und Begriffe, die wir gebrauchen, unser Bewusstsein. Jedes Unternehmen, das etwas auf sich hält, bemüht sich mittlerweile um eine möglichst umfassende Corporate Identity. Kaum ein Bereich kann aber mehr zur Gewinnung einer gemeinsamen Identität beitragen als unsere Sprache. Wenn wir alle nicht nur akustisch, sondern auch inhaltlich die gleiche Sprache sprechen, dann hat das einen starken Einfluss auf unser kollektives Bewusstsein. Mit der Sprache als verbindendem Element kann so eine schlagkräftige Einheit geschaffen werden, egal ob es sich dabei um ein Team, eine Abteilung oder das gesamte Unternehmen handelt. Wenn es uns gelingt, gemeinsam die wichtigen Begriffe zu klären und zu einer gemeinsamen Sprache zu finden, dann bewirkt das allein schon eine Zunahme an Identität und Einheit, mit entsprechend positiver Wirkung nach innen und mit der Zeit auch nach außen.

Evidence-based Management: Die Anwendung von Nichtwissen

Ein Beispiel für die praktische Anwendung von Nichtwissen findet sich im Evidence-based Management, das von den beiden Managementprofessoren der amerikanischen Stanford-Universität Jeffrey Pfeffer und Robert Sutton entwickelt wurde. Die beiden vertreten die Ansicht, dass sich das Management strikter an der Faktenlage orientieren sollte, als das selbst bei großen Unternehmen bisher üblich war.

Als Beispiel führen sie den Erwerb von *Compaq* durch *Hewlett-Packard* an, ein 25-Milliarden-Dollar-Geschäft und gleichzeitig eine Entscheidung, die für *Hewlett-Packards* eher bescheidenes finanzielles Abschneiden in den letzten Jahren mit verantwortlich gemacht wird. Aus den Reihen der *Hewlett-Packard*-Mitarbeiter erfuhren die Managementexperten, dass das Unternehmen erst Monate nach der öffentlichen Ankündigung der Übernahme von *Compaq* durch die damalige Vorstandsvorsitzenden Carly Fiorina zum ersten Mal seine Kunden befragte, wie sie die *Compaq*-Produkte denn einschätzten. Es stellte sich heraus, dass die meisten eine schlechte Meinung von *Compaq* hatten, *Hewlett-Packard* dagegen überwiegend positiv sahen. Zu diesem Zeitpunkt war es jedoch zu spät, um die teure Übernahme abzublasen.

Die beiden Managementexperten vertreten die Ansicht, dass eine strikte Ausrichtung von Managemententscheidungen an der jeweiligen Faktenlage einen wichtigen Wettbewerbsvorteil für Unternehmen bedeutet. Sie empfehlen zwei konkrete Grundhaltungen zum Umgang mit Evidence-based Management, dem auf konkreten Fakten basierenden Management:

Zum einen sollte der Manager sein Handeln strikt an Fakten ausrichten, auch wenn diese natürlich nicht immer positiv für das Unternehmen sind. Viele Manager wollen schlechte Nachrichten erst gar nicht hören. Zudem sind sie weder bereit, ihr Nichtwissen zuzugeben, noch von anderen zu lernen. Auf diese Weise zeigt der Manager zwar keine offensichtlichen Schwächen und verteidigt sein Ego, die Qualität seiner Entscheidungen und Maßnahmen leidet aber entsprechend.

Zum anderen sollten Manager ihre Unternehmen als unfertig und im Fluss ansehen. Erfolgreiche Führungskräfte sind sich bewusst, dass sich ein Unternehmen immer in eine bestimmte Richtung weiterentwickelt, und versuchen sicherzustellen, dass diese Richtung auch in Zukunft stimmt. Sie zeichnen sich durch zwei Eigenschaften aus: zum einen haben sie Mut zum Risiko und handeln bei Bedarf auch dann, wenn noch keine vollständigen Informationen vorliegen, zum anderen sind sie aber auch immer zu Kursänderungen bereit, falls neue Fakten das Bild verändern. Sie sind sich ihrer Wissenslücken durchaus bewusst und gehen so keine blinden, sondern kalkulierte Risiken ein.

Topmanager, die diese Form von faktenorientiertem Management erfolgreich einsetzen, ermutigen auch ihre Mitarbeiter zu ständigem Lernen. Selbst wenn diese altbekannte und scheinbar altbewährte Maßnahmen durchführen, sollten sie immer für neue, kreative Verbesserungsmöglichkeiten offen sein.

Sokrates hielt sein Gespür für Nichtwissen für seine wichtigste Fähigkeit. Auch im Management kann gelten, was er bei so vielen Gelegenheiten wiederholte: »Nur der ist weise, der weiß, dass er es nicht weiß. Es ist keine Schande nichts zu wissen, wohl aber, nichts lernen zu wollen.«

> Nur der ist weise, der weiß,
> dass er es nicht weiß.
>
> *
>
> Es ist keine Schande nichts zu wissen,
> wohl aber, nichts lernen zu wollen.

Exkurs: Die Kunst des Dialogs

Was sind die Grundregeln für einen erfolgreichen Dialog, der entweder zu mehr gesicherter Erkenntnis oder zumindest zum Erkennen von Nichtwissen führt? Und wie können Sie von diesen Regeln Gebrauch machen? Sokrates hat seine Dialoge nach Regeln gestaltet, die auch heute noch vorbildlich sind.

Respekt

Mit seiner teilweise kompromisslosen Fragetechnik ging es Sokrates nie darum, seine Dialogpartner bloßzustellen. Stattdessen wollte er sie dazu zwingen, ihr eigenes Nichtwissen zu erkennen und zur Wahrheit fortzuschreiten. Er hatte tiefen Respekt vor dem Potenzial jedes Menschen, richtig zu denken und dann auch richtig zu handeln. Was er in seinen Dialogen angriff, war nie der Mensch selbst, sondern dessen Weigerung, der Wahrheit ins Auge zu sehen.

Sokrates hatte aber nicht nur Respekt vor seinen Dialogpartnern, er forderte diesen Respekt auch von ihnen ein. Als der Priester Euthyphron bei der Diskussion über Frömmigkeit ausweichend reagierte und sich auf seine alten Positionen ohne weitere Überprüfung zurückziehen wollte, entgegnete ihm Sokrates: »Aber behandle mich nicht so geringschätzig, sondern nimm deinen Verstand recht zusammen, und sage mir endlich das Richtige.«

Behandle deinen Dialogpartner
mit Respekt.

Sie können sich sicher vorstellen, wie anders Meetings verlaufen würden, wenn jeder echten Respekt vor dem anderen hätte und statt Selbstdarstellungen und langen, nichts sagenden Ausführungen eine klare, faktenorientierte Interaktion aller Beteiligten erfolgen würde.

Für Sokrates zählte allein das Bemühen, den Konzepten auf den Grund zu gehen. Falls sich die Sicht seines Gegenübers dabei als Irrtum erweisen sollte, sah sich Sokrates veranlasst, seinem Gesprächspartner zu besserer Erkenntnis zu verhelfen, nicht aber, ihn der Lächerlichkeit preiszugeben: »So lass uns ihn belehren, aber nicht schmähen.«

Belehre deinen Gesprächspartner,
demütige ihn aber nicht.

Die Wahrheit als Ziel

Den Kern von Sokrates' Ansatz bildet eine klare Forderung: Im Mittelpunkt muss die Wahrheitssuche stehen, nicht die Person. Das Primat der Wahrheit war in Sokrates' Augen die grundlegende Voraussetzung für jeden sinnvollen Dialog. »Denn allewege ist nicht darauf zu sehen, wer etwas gesagt hat, sondern ob es richtig gesagt ist oder nicht«, war ein entscheidendes Grundprinzip bei Sokrates Suche nach Wahrheit.

Es ist nicht wichtig, *wer* etwas sagt,
sondern *was* er sagt.

Wir leben in einer Welt der Experten. Selbstverständlich hat immer das am meisten Gewicht, was die angeblichen Experten im jeweiligen Bereich zu sagen haben. Und im Zweifelsfalle hat, zumindest betriebsintern und nach einer ungeschriebenen Regel, der Ranghöchste immer recht. Es ist schließlich auch nicht falsch, von den Menschen, die sich in besonderer Weise mit einem Thema befasst haben oder eine hohe Position erreicht haben, qualifizierten Rat zu erwarten. Was aber auf jeden Fall falsch ist, ist es, diesen Rat dann keinerlei Überprüfung mehr zu unterziehen. Genauso falsch ist es auch, die Meinung von Menschen in niedrigeren Positionen ungeprüft als irrelevant abzutun.

Gerade in den Meetings, in denen Menschen unterschiedlicher Hierrarchiestufen aufeinandertreffen, kann sich nur dann ein fruchtbarer Gedankenaustausch entwickeln, wenn es nur um die jeweiligen Sachverhalte geht und nicht um Profilierungssüchte oder das automatische Einknicken vor den Vorschlägen höherrangiger Teilnehmer.

Wer wirklich einen positiven Beitrag zur Wissensvermehrung im Unternehmen beitragen will, muss persönliche Interessen zurückdrängen und sich nur um sachlich produktive Beiträge bemühen. Vor allem die üblichen »Hahnenkämpfe« (an denen sich durchaus auch manche weiblichen Manager beteiligen) bringen in dieser Hinsicht wenig. Für Sokrates war die ehrliche Absicht aller, den Dingen ernsthaft und unvoreingenommen auf den Grund zu gehen, so entscheidend, dass er andere Gespräche, bei denen es nur darum ging, sich auch auf Kosten der Wahrheit zu profilieren, schlicht für Zeitverschwendung hielt.

Sokrates kannte bei der Wahrheitssuche kein Ansehen der Person. Er war aber immer gerne bereit, sich belehren zu lassen, und offen für überzeugende Gegenargumente: »Und wäre der Fragende einer von jenen Weisen, Streitkünstlern und Wortfechtern, so würde ich ihm sagen, ich habe nun gesprochen, und wenn ich nicht richtig erklärt habe, so ist nun deine Sache das Wort zu nehmen und mich zu widerlegen.«

> Sei stets offen für Gegenargumente.

Die zweite Wende: Der Mensch im Mittelpunkt

Selbsterkenntnis als Grundlage für richtiges Handeln

»Erkenne dich selbst!« lautet die berühmte Inschrift über dem Eingang des Apollontempels in Delphi. Dieses Motto machte sich auch Sokrates zu seiner Lebensaufgabe. Die frühen Philosophen hatten den Blick nach außen gerichtet. Sie wollten ergründen, wie die Welt um sie herum gestaltet war. Deshalb galt ihr Interesse dem Wesen des Kosmos und den Gesetzmäßigkeiten der Natur. Als Erste brachen die Sophisten mit dieser Hinwendung zur Naturphilosophie. Ihr Streben galt dem unmittelbaren menschlichen Erfolg im traditionellen Sinne, seiner Karriere, seiner Fähigkeit, Macht und Einfluss über andere auszuüben. Erst Sokrates konzentrierte sich auf den Menschen selbst: Wie sollte ein Mensch leben, was sollten seine Lebensziele sein, was ist unter einem gesamthaft geglückten Leben zu verstehen? Selbsterkenntnis war für ihn ein wichtiger Bestandteil der Hinwendung zum Menschen.

Erkenne dich selbst!

Anscheinend kannte Sokrates seine persönlichen Schwächen, denn er legte großen Wert darauf, sich selbst zu disziplinieren. So zeichnete er sich als Soldat im Peloponnesischen Krieg durch Tapferkeit und extreme Bedürfnislosigkeit aus: Es machte ihm zum Beispiel nichts aus, lange Strecken barfuss zurückzulegen. Oder er weigerte sich, die Geldgeschenke anzunehmen, die ihm seine Freunde und Anhänger gerne gegeben hätten. Als ihm ein Bewunderer ein größeres Haus schenken wollte, lehnte Sokrates dies mit der Begründung ab, er wolle sich nicht durch zu viele weltliche Güter beschweren. Sokrates wollte in seinem Streben nach Wahrheit und seiner Hilfe für andere, die Wahrheit zu finden, nicht von den üblichen menschlichen Bedürfnissen und Begierden behindert werden.

Für ihn bestand das Leben vor allem aus einem Streben nach Selbsterkenntnis, gefolgt von darauf aufbauendem richtigem Handeln: »Und wenn ich wiederum sage, dass ja eben dies das größte Gut für den Menschen ist, täglich über die Tugend sich zu unterhalten, und über die andern Gegenstände, über welche ihr mich reden und mich selbst und andere prüfen hört, ein Leben ohne Selbsterforschung aber gar nicht verdient gelebt zu werden, das werdet ihr mir noch weniger glauben, wenn ich es sage.«

> Das ungeprüfte Leben ist nicht lebenswert.

Für Sokrates gehörte die gründliche Selbstanalyse auch zu einer der Grundvorbereitungen auf wichtige Führungsausgaben. Obwohl Athen ein Zentrum an herausragenden Politikern, Künstlern und Denkern war, konnte es seine Vormachtstellung im Griechenland seiner Zeit nicht behaupten. Gegenüber dem Sohn des berühmten Perikles erklärte Sokrates diesen Niedergang folgendermaßen: »Sehen wir nicht häufig, dass manche Menschen, eben deswegen, weil sie viel vor andern voraus haben, und sich ihrer Vorzüge und Kräfte zu sehr bewusst sind, in Sorglosigkeit und Trägheit verfallen, und dadurch zuletzt unvermögend werden, es mit ihren Gegnern aufzunehmen?«

> Ruhe dich nicht auf deinen Talenten aus.

Auch heute ist diese Haltung noch weit verbreitet. Gerade die High Potentials, die eine gute Erziehung und Ausbildung genossen haben und herausragende Talente besitzen, erliegen oft der Versuchung, sich damit zu begnügen, ihre ungewöhnlichen Erfolgschancen unreflektiert und ungenügend auszunutzen und lediglich irgendeine mittelmäßige Karriere zu machen, statt sich darum zu bemühen, gesamthaft in ihrem Leben ihr volles Potenzial auszuschöpfen. Die Folgen sind nicht selten sogar Fehlverhalten und Karriereknicks.

Wer sich selbst analysiert, dem fällt es nicht schwer zu erkennen, dass er noch vieles nicht wirklich weiß, dass es noch viele Bereiche gibt, in denen er Erfahrungen sammeln muss. In diesem Sinne ist die Selbsterkenntnis der Ausgangspunkt für einen fruchtbaren Lernprozess.

Auch die moderne Lerntheorie beschreibt die Selbsterkenntnis als entscheidenden Anstoß zu echtem Lernen: Ein Mensch, der in einer bestimmten Fähigkeit nicht kompetent ist, wird sich nicht um eine Kompetenzerhöhung bemühen, solange er sich seines Mangels nicht bewusst ist. Deshalb ist der erste Schritt für erfolgreiches Lernen die Erkenntnis des eigenen Unwissens, dem wiederum ein Prozess der Selbstreflexion vorausgeht.

Sokrates bezeugte, dass er diese Selbstanalyse vorgenommen hatte und nun ernsthaft echtes Wissen anstrebte: »Nur dies eine sonderbare Gute habe ich an mir, was mich noch erhält, ich schäme mich nämlich nicht zu lernen, sondern ich forsche und frage und bin jedem sehr dankbar, der mir antwortet, und habe noch nie jemanden diesen Dank entzogen. Denn ich habe noch nie verleugnet, wo ich etwas gelernt hatte, und etwa das Gelernte für das Meinige ausgegeben als hätte ich es erfunden.« Sokrates war lernbereit, weil es ihm darum ging, den Dingen wirklich auf den Grund zu gehen. Er war bescheiden genug, zu wissen, dass er dieses Unterfangen nicht alleine bewältigen konnte, sondern dafür auch anderer Menschen bedurfte. Er versicherte aber allen, die ihm bei seiner Suche nach wahrer Erkenntnis halfen, dass er ihren Beitrag nicht einfach vereinnahmen würde. Sokrates war immer bereit, den Menschen, die die Quellen seiner Erkenntnis waren, auch die entsprechende öffentliche Anerkennung zukommen zu lassen. Wer immer ihm zu mehr Erkenntnis verhalf, musste also nicht befürchten, dass Sokrates dieses Wissen als sein eigenes ausgeben und die Menschen verleugnen würde, die ihm zu seinem Wissen verholfen hatten.

Allein eine solch ehrliche Einstellung von »Ehre wem Ehre gebührt« würde den Wissensfluss in vielen Unternehmen wesentlich erhöhen und beschleunigen.

> Sei offen für Neues und stets bereit,
> von anderen zu lernen.

Wer in unserer Wissensökonomie Menschen erfolgreich führen will, muss auf authentische und glaubwürdige Art eine natürliche Autorität zum Ausdruck bringen. Er hat es mit hochintelligenten Mitarbeitern zu tun, die er nur noch bedingt manipulieren kann. Diese Mitarbeiter brauchen einen Vorgesetzten, den sie respektieren können. Sokrates war solch ein Mensch. Den Blendern und Selbstdarstellern seiner Zeit war er wegen seines Scharfsinns und seiner Scharfzüngigkeit verhasst. Einer dieser Gegner war Kritias, der erst ein Schüler Sokrates war und ihn hoch achtete. Als er sich aber zum Führer der dreißig Tyrannen aufschwang, die kurzfristig in Athen die Macht an sich rissen und deren Säuberungsaktionen schätzungsweise 1500 politische Gegner, vor allem Demokraten, zum Opfer fielen, verabschiedete er umgehend ein Gesetz, das öffentliches Philosophieren verbot. Kritias hatte mit diesem Gesetz vor allem Sokrates im Auge. Er hatte ja bereits gelernt, dass er diesen nicht mit überzeugenden Argumenten würde widerlegen können. Von den Menschen jedoch, die bereit waren, sich für das Wohl aller einzusetzen und denen es um die Wahrheit und nicht um Selbstdarstellung und die eigenen Vorteile und Privilegien ging, wurde Sokrates stattdessen als großer Lehrer und Freund verehrt, allen voran von Platon, der selbst prägenden Einfluss auf die Nachwelt haben sollte.

Für Sokrates bestand die Hinwendung zum Menschen aber nicht nur in der Selbstanalyse. Es war ebenso sein erklärtes Ziel, dem Wohl seiner Mitmenschen zu dienen, indem er auch ihnen bei ihrer Suche nach Wahrheit und Lebenssinn helfen würde.

Im Gespräch mit Antiphon, einem Sophisten, brachte dieser seine Verwunderung darüber zum Ausdruck, dass Sokrates es vorzog, mit armseliger Kleidung und – außer bei Festgelagen, zu denen er häufig eingeladen wurde – mit einfacher Speise und Trank zu leben. Antifon vertrat die Ansicht, dass große Weisheit auch ihre Belohnungen haben müsste, wenn sie sich lohnen sollte. Sokrates antwortete ihm auf seine Auflistung der Vorteile des Reichtums: »Meinst du aber, das Vergnügen, das dergleichen Beschäftigungen gewähren, sei mit dem zu vergleichen, das aus dem Bewusstsein entspringt, sich selbst und seine Freunde immer besser zu machen? Dies ist immer meine Maxime gewesen, und wird es immer bleiben. Wenn es darauf ankommt seinen Freunden oder der Republik nützlich zu sein, wer wird mehr Muße haben, sich dafür zu verwenden, einer, wie du mich hier siehst, oder einer der das Leben führt, das du selig preisest. Wer taugt besser für den Krieg? Einer der ohne eine köstliche Tafel und die ausgesuchtesten Bequemlichkeiten gar nicht leben kann, oder dem was da ist genügt? Wer wird eine belagerte Stadt bälder übergeben, einer der mit dem geringsten, was man überall findet, zufrieden ist, oder der eine Menge schwer zu befriedigender Bedürfnisse hat? Du, Antifon, scheinst die Glückseligkeit in Üppigkeit und großem Aufwand zu setzen; ich hingegen bin überzeugt, dass nichts bedürfen etwas Göttliches und also das Beste ist, und die wenigsten Bedürfnisse haben, das was dem Göttlichen am besten am nächsten kommt.« Sokrates fand seine Erfüllung darin, sich selbst und anderen zu besseren, wichtigeren Prioritäten zu verhelfen und das wirklich Gute im Leben anzustreben.

Bleibe bescheiden und hilf auch anderen dabei, bessere Menschen zu werden.

Sokrates hatte echte Freude daran, ein Mentor für Jüngere und Unerfahrenere zu sein. So erklärte er Antifon: »Was mich selbst betrifft, Antifon, so weißt du, jedermann hat so seine eigene Liebhaberei; dieser an einem schönen Pferde, jener an einem schönen Hunde oder Vogel; die meinige war immer, edle Menschen zu Freunden zu haben. Weiß ich etwas Nützliches, so teil' ich es ihnen mit, empfehle sie auch andern, deren Umgang ihnen behilflich sein kann, im Guten zuzunehmen.« Wissen sah er als Verantwortung, und er ließ sich bei deren Wahrnehmung nicht von selbstsüchtigen Motiven leiten: »Eben so ist es mit den Gelehrten. Diejenigen, die ihre Wissenschaft um Geld verkaufen, heißen Sophisten; wer hingegen einen jungen Menschen von glücklichen Anlagen kennen lernt, und indem er ihm das Beste, was er weiß, mitteilt, keinen andern Vorteil dabei sucht, als einen Freund zu gewinnen, von dem sagen wir, er tue, was einem edeln und biedern Bürger geziemt.«

Es ist leicht zu sehen, warum Sokrates bei der jungen Elite Athens so beliebt war. Und auch Sie können in Ihrer Rolle als Manager ein Mentor für andere sein. Jeder Mitarbeiter, der einen Vorgesetzten hat, der ihm bei der Entwicklung seines eigenen Potenzials hilft, kann sich glücklich schätzen. Und jeder, der solch ein Vorgesetzter ist, wird langfristig von seinem Umfeld als positiver Einfluss geschätzt werden.

Die eigenen Begrenzungen überwinden

Sokrates war kein weltfremder Philosoph. Seine Selbsterkenntnis ging einher mit einer tiefen Menschenkenntnis, denn wer sich selbst kennt, kann auch die anderen besser durchschauen und einschätzen. So wandte sich Sokrates bei seiner Wahrheitssuche meist an die Menschen, von denen er am ehesten erwarten konnte, dass sie sich in der jeweiligen Materie auskannten.

Praktisch alle Dialogpartner Sokrates' waren typische Vertreter eines bestimmten Standes in Athen und besaßen deshalb auch die typischen Vorurteile und eingegrenzten Perspektiven dieser Bevölkerungsgruppe. Als Sokrates zum Beispiel mit Laches sprach, der sich als tapferer Soldat und Befehlshaber der athenischen Streitkräfte einen Namen gemacht hatte, griff er das Thema der Tapferkeit auf. Selbstverständlich definierte Laches Tapferkeit entsprechend als die Eigenschaft, im Krieg nicht vor dem Feind zurückzuweichen. Als Sokrates ihn dann fragte, ob jemand nicht etwa auch angesichts anderer widriger Umstände, wie Gefahren zu See, Krankheit oder Armut, Tapferkeit an den Tag legen könnte, erkannte Laches allmählich, dass er nicht wirklich verstand, was Tapferkeit im Kern bedeutet und wie sie sich genau von anderen Haltungen und Einstellungen unterscheidet.

Mit dem Priester Euthyphron erörterte Sokrates dagegen das Thema Frömmigkeit. Aber auch mit Handwerkern sprach er über ihre Tätigkeit. Bei allen Gesprächspartnern stellte er fest, dass sie die Welt meist aus ihrer begrenzten Perspektive sahen. Der Krieger Laches sah Tapferkeit allein in der Schlacht, der Priester Euthyphron in der ritualisierten, rigiden Frömmigkeit. Die Politiker interessierten sich vor allem für die Gewinnung von Macht und das gute Leben, das sie sich von ihrer Position erhofften. Sokrates dagegen weigerte sich stets, sich für ein politisches Amt vereinnehmen zu lassen. Seiner Überzeugung nach führte eine Zugehörigkeit zu einem bestimmten Stand zu entsprechenden Vorurteilen und mentalen Scheuklappen. Ebenso könnten materielle Interessen oder unethische Verpflichtungen gegenüber Freunden oder der Familie die Urteilskraft beeinflussen und trüben. Sokrates war kein Freund politischer Ränkespiele und vernetzter Seilschaften. Für ihn gab es nur eine legitime Gemeinsamkeit, die höchste Priorität einnehmen konnte: das gemeinsame Suchen nach Wahrheit.

Auch ein Manager ist in konkrete Verantwortung eingebunden, die zu dem Druck führt, sich von der eigenen Stellung im Unternehmen vereinnahmen zu lassen. Berüchtigt ist zum Beispiel die übliche Kontroverse zwischen Technikern und Marketingfachleuten um die Umsetzungsmöglichkeiten einer Idee. Die einen sind von den neuen technischen Möglichkeiten begeistert, den anderen geht es nur darum, was sich wie (bei möglichst niedrigen Produktionskosten) am besten verkaufen lässt. Je nach eigenem Hintergrund ist dann auch der jeweilige Manager oft in der einen oder anderen Weise voreingenommen, vor allem, wenn er einer der entsprechenden Abteilungen vorsteht. Echte Führung erweist sich in einem Unternehmen aber vor allem dort, wo das Gesamtinteresse im Vordergrund steht und das Management versucht, mit der eigenen Arbeit diesem Gemeinwohl zu dienen. Vorraussetzung hierfür ist aber Selbsterkenntnis: Nur, wenn ich mir bewusst bin, dass ich eventuell voreingenommen bin, kann ich gezielt dagegen vorgehen. Wer auf diese Weise ein positives Beispiel setzt, kann zumindest in einem Unternehmen mit produktiven Werten und einer gesunden Unternehmenskultur dazu beizutragen, dass alle an einem Strang ziehen, statt sich in Einzelinteressen zu verzetteln.

So würde für Sokrates das langfristige Ziel des Unternehmens etwa darin liegen, gleichzeitig das Wohl aller Beteiligten, also sowohl der Investoren, als auch der Mitarbeiter und der Gesellschaft, ehrlich und mit höchster Kompetenz zu fördern. Sicherlich ist dies in der Praxis in diesem Maße nicht immer möglich, als erstrebenswert sollte es aber dennoch gelten. Und Vorraussetzung dafür ist das Streben nach Weisheit und Erkenntnis: »Da wir nämlich glückselig zu sein alle streben, und sich gezeigt hat, dass wir dies werden durch den Gebrauch der Dinge, und zwar den richtigen Gebrauch, diese Richtigkeit aber und das glückliche Gelingen uns die Erkenntnis zusichert: so muss demnach, wie man sieht, auf jede Weise ein jeder Mensch dafür sorgen, dass er so weise werde als möglich.«

> Gerade weil wir alle glücklich leben wollen, sollten wir nach Weisheit streben.

Die dritte Wende: Das Gute als Ziel

Was bedeutet »gut«?

Als Sokrates mit seinem öffentlichen Wirken begann, gab es – wie bereits erwähnt – zwei philosophische Gruppierungen: auf der einen Seite die Naturphilosophen, die sich mehr oder weniger zweckfrei mit den Fragen des Kosmos und der Natur befassten, und auf der anderen Seite die Sophisten, die ausgefeilte Techniken zum Erreichen von weltlichem Erfolg entwickelt hatten. Sokrates brachte eine neue Perspektive in das menschliche Streben. Er sah die Aufgabe des Menschen vor allem darin, so tugendhaft wie möglich zu leben.

Uns als modernen Menschen erscheint der Begriff »Tugend« antiquiert und irrelevant. Wir assoziieren mit ihm zum Beispiel Wörter wie Keuschheit und Demut, Askese und Gutmenschentum. Das war aber nicht das, was Sokrates im Sinn hatte. Sein Konzept geht auf das griechische Wort *arete* zurück, das am besten mit dem Begriff »Tauglichkeit« übersetzt werden kann. Dieser Vorstellung nach ist »gut« im Sinne von »tugendhaft« das, was seine Funktion optimal erfüllt. Ein Stuhl ist etwa dann gut, wenn man bequem darauf sitzen kann und er so stabil ist, dass er auch schwergewichtigere Benutzer aushält. Auf den Menschen angewandt bedeutet gut sein, das eigene Potenzial in optimaler Weise zu nutzen und seinen Verantwortungen perfekt gerecht zu werden. Sokrates vertrat in diesem Sinne, anders als später sein Schüler Platon, noch nicht eine Vorstellung von dem absolut Guten. Für ihn war das Gute die Tauglichkeit für den der Sache oder der Person bestimmten Zweck. So soll er einmal gesagt haben: »Ich kenne nichts Gutes, das zu nichts gut ist, und ich wünsche es auch nicht zu kennen.«

> Alles Gute hat seinen Sinn.

Der gute Manager

Wie würde Sokrates einen guten Manager definieren? In seinen Augen wäre dies jemand, der sich durch ständige Selbstverbesserung im Laufe der Zeit immer weiterentwickelt und gleichzeitig seine Aufgaben gegenüber all denen, denen er Verantwortung schuldet, optimal wahrnimmt. Erfolge, die nicht auf tugendhaftem Wege erzielt wurden, zählten für Sokrates nicht. Wer seine eigenen Werte des Erfolges wegen kompromittiert, kann am Ende keine guten Resultate erzielen. Alle Handlungen sollten also darauf abzielen, ein als gut verstandenes Endziel zu erreichen. Das schließt auch mit ein, dass Unangenehmes als Konsequenz in Kauf genommen wird. Gutes zu tun, bringt auch viel Angenehmes mit sich, jedoch sollte das gute Gefühl nicht der Grund für gutes Handeln sein, sondern vielmehr die Überzeugung, durch gutes Handeln Dinge zu verändern: »Um des Guten willen also muss man alles Übrige und so auch das Angenehme tun, nicht aber Gutes wegen des Angenehmen.«

> Tue Gutes um seiner selbst willen,
> nicht wegen der Vorteile,
> die es mit sich bringt.

Alle Entscheidungen in unserem Leben sind in eine Hierarchie der Werte und Ziele eingebettet. Bewusst oder unbewusst streben wir mit unseren Handlungen immer bestimmte erwünschte Resultate an. Das ist auch im Management nicht anders. Eine gute Entscheidung bewirkt zum Beispiel einen kurzfristigen Profit oder sie steigert den Umsatz oder den Marktanteil des Unternehmens, senkt

Kosten oder führt zu einer erfolgreichen Neuausrichtung der Firma. Auf diese Weise tragen alle guten Entscheidungen zum langfristigen Profit des Unternehmens bei.

Wie sich in der Praxis oft zeigt, kann die Profiterreichung von heute aber zum Beispiel dem Image des Unternehmens schaden und so langfristig Profite vermindern. Fast schon ein Klischee ist in dieser Hinsicht das Unternehmen, welches aus Profitgründen umweltschädigend handelt oder bei seinen Produktionsstätten in Fernost keine allzu strengen sozialen Maßstäbe anlegt. Aber auch etwas ausgefeiltere Unternehmensstrategien können sich da langfristig als Bumerang erweisen.

Auch wenn für Sie als verantwortungsbewusster Manager der Endzweck Ihrer Handlungen selbstverständlich der Erfolg Ihres Unternehmens ist, ist es nicht immer einfach festzustellen, welche Entscheidungen und Handlungen diesen jeweils auf Dauer fördern werden.

Noch komplizierter wird die Frage des Guten, wenn Sie diese auf Ihr gesamtes Leben beziehen. Denn es mag zum Beispiel gut für Ihr Unternehmen und für Ihre eigene Stellung in der Firma sein, wenn Sie in kritischen Zeiten durch lange Arbeitszeiten an der Lösung unternehmerischer Probleme arbeiten. Gleichzeitig kann sich das aber negativ auf Ihr Familienleben auswirken. Laut Sokrates gilt es hier, klare Prioritäten zu entwickeln und sich dann um eine auf diesen Prioritäten basierende vernünftige Ausgeglichenheit in allen Lebensbereichen zu bemühen.

Wenn wir insgesamt von einem »guten« Manager sprechen und nicht nur von jeweils guten Entscheidungen und Handlungen, dann stoßen wir hier auf eine weitere, höhere Ebene des Gutseins vor. Für Sokrates gehörte zum Guten die optimale Erfüllung des eigenen Potenzials. Als Manager müssen Sie also nicht nur danach streben, gute Entscheidungen zu treffen oder gute Führungsmaßnahmen zu ergreifen. Sie müssen vor allem auch an sich selbst arbeiten. Dieser Prozess der kontinuierlichen Selbstverbesserung stellte für Sokrates den Ausgangspunkt des Strebens nach Gutem dar. Ein Mensch kann nur dann andere gut führen, wenn er an sich selbst gearbeitet hat und durch Selbsterkenntnis und Selbstmanagement »gut« geworden ist. Letztendlich hält Sokrates für den Menschen nur das für gut, was sein Leben auch insgesamt in eine gute Richtung lenkt: »Kann nun wohl etwas gut sein, was sie nicht zu Guten macht?« Das gilt für Unternehmen genauso wie für

> Gut ist nur das, was dich zu einem guten Menschen macht.

Menschen. Wenn das Resultat guten Handelns nicht eine Selbstverbesserung ist, dann war die jeweilige Entscheidung langfristig nicht gut.

Selbst als Sokrates zum Tode verurteilt wurde und seine Freunde ihn zur Flucht überreden wollten, ließ er nicht von seinen Werten und Lebenszielen ab. Bis zum bitteren Ende tat er das, was er für tugendhaft hielt: Als Bürger Athens hatte er sich immer dem Gemeinwesen verpflichtet gefühlt, und er gab diese Loyalität auch dann nicht auf, als sie seinen eigenen Tod bedeutete. In seinen Augen konnte der Mensch nur dann sinnvoll und zielgerichtet leben, wenn er sich Klarheit über seine letztendlichen Ziele und Motive verschaffte.

Im Gespräch mit dem jungen Adligen Lysis erklärte Sokrates: »Alle solche Sorgfalt geht eigentlich gar nicht auf dasjenige, was um eines andern willen herbeigeschafft wird, sondern auf jenes, um deswillen das andere alles herbeigeschafft wird. Wenngleich wir öfters sagen, wir machen uns viel aus Gold und Silber, mag das dennoch nicht das Wahre sein; sondern woraus wir uns viel machen, das ist jenes, was sich als das zeigt, um dessentwillen wir das Gold und alles andere Erworbene erwerben.« Selbst Geld und Macht sind für die meisten Menschen also keine Endzwecke, sondern lediglich Mittel, die sie einsetzen, um etwas zu erreichen, das ihnen wichtig ist. Die meisten von uns wünschen sich zum Beispiel Geld nicht um des Geldes willen, sondern um mit dem Geld etwas erwerben zu können. Ebenso streben viele Menschen nach Macht nicht etwa, weil sie diese über andere ausüben wollen, sondern weil sie sich von den damit verbundenen Privilegien auch andere Vorteile versprechen.

Im Dialog mit Gorgias fragte Sokrates: »Denkst du denn, dass die Menschen dasjenige wollen, was sie jedesmal tun? Oder vielmehr jenes, um deswillen sie dasjenige tun, was sie tun? Wie etwa, die Arznei einnehmen von den Ärzten, denkst du, dass die dasjenige wollen, was sie tun, Arznei nehmen und Schmerzen haben, oder jenes das Genesen, um deswillen sie sie nehmen?«

Sokrates glaubte, dass alle Menschen ein geglücktes Leben anstrebten. Um dieses zu erreichen, ist aber ein holistischer Ansatz erforderlich: Wir müssen unsere einzelnen Handlungen auf ein gemeinsames Ziel ausrichten, wenn wir dieses wirklich erreichen wollen.

Auf einfacherer Ebene trifft das auch im Management zu. Sie sollten sich immer fragen: Was soll die jeweilige Maßnahme bewirken? Geht es nur um kurzfristige Erfolge oder verfolge ich damit auch langfristige Ziele? Nutzt diese Maßnahme nur mir selbst oder meiner Abteilung und dem Unternehmen als Ganzes auf Dauer?

Auch bei der Mitarbeiterführung treffen unterschiedliche Ziele aufeinander. So kann eine Aufgabe an einen Mitarbeiter vergeben werden, damit sie gut erledigt wird. Es kann aber gleichzeitig auch darum gehen, dass der Mitarbeiter daraus wertvolle Erfahrungen sammeln soll, weil er langfristig für höhere Aufgaben vorgesehen ist. Als Manager, der auch Verantwortung für die Zukunft seiner Mitarbeiter trägt, sollten Sie sich in dieser Hinsicht immer Klarheit über Ihre eigenen Motive verschaffen. Geht es Ihnen vor allem darum, dass die Ihnen anvertrauten Aufgaben erledigt werden, oder sind Sie auch bemüht, die Karriere Ihrer Mitarbeiter zu fördern?

Sokrates mahnt uns, unsere Motive und Ziele genauer zu untersuchen und sicherzustellen, dass alle Entscheidungen am Ende den höheren Zwecken dienen, die wir angeblich anstreben.

Gerade dort, wo viel Macht im Spiel ist, sieht Sokrates aber auch besondere Gefahrenstellen. So erlebte er oft, wie Menschen, die allzu ehrgeizig nach Erfolg strebten, charakterlich Schaden litten. Er konnte das selbst an seinen Schülern beobachten, von denen sich einige später mit rabiaten Mitteln politisch durchsetzten und dadurch in Gegnerschaft zu Sokrates gerieten. Dem Kallikles, der vehement für den Machterwerb eintritt und darauf verweist, dass Macht ja dann auch die Macht, Gutes zu tun, bedeutet, hält Sokrates entgegen: »Die meisten aber unter den Mächtigen, o Bester, werden böse.«

Schon zur Zeit des Sokrates gab es das Phänomen der Blender zuhauf. Viele Sophisten verdienten sich einen guten Lebensunterhalt damit, dass sie jungen Männern beibrachten, wie man sich mit allerlei Schlichen und Manipulationen ins rechte Licht rückte und Karriere machte. Eigensüchtige Motive hielten viele nicht davon ab, politische Macht zu erlangen. »Also auch vielen zuhauf kann man Wohlgefallen erregen, ohne auf das Beste bedacht zu sein«, kritisierte Sokrates die Redekunst, bei der es den Sophisten nicht um die Wahrheit und den Nutzen für alle ging, sondern nur darum, die eigenen Interessen durch den Anschein von Interesse am Gemeinwohl durchzusetzen. Sokrates aber glaubte nicht, dass Menschen ohne echte Authentizität auf Dauer erfolgreich und glücklich werden könnten. »Sei, was du scheinen willst!« war schon im alten Athen sein Rat an diejenigen, die nachhaltigen und echten Erfolg haben wollten.

> Sei, was du scheinen willst.

Sokrates glaubte an die Verpflichtung eines jeden Menschen, das Gute als Lebensaufgabe anzustreben. Er selbst war ein guter Soldat, der sich durch hohe Tapferkeit auszeichnete, er war ein guter Bürger, indem er dem Staatswesen, dem er sich verbunden fühlte, bis zum Ende die Treue hielt, und indem er auch dann, als er sich mit großer Gegnerschaft konfrontiert sah, nicht von seinem Bemühen abließ, seine Mitbürger zur Selbsterkenntnis, zum Eingeständnis ihrer Wissenslücken und zur Tugend zu führen. Und er war ein guter Philosoph, indem er seine Überzeugungen kontinuierlich überprüfte und das, was er danach für richtig hielt, auch lebte.

Für Sokrates heiligte der Zweck nicht die Mittel. Ein geglücktes Leben hängt seiner Überzeugung nach nicht von äußeren Erfolgen allein ab, sondern auch von dem Charakter, den der Mensch dabei entwickelt: »Denn wer rechtschaffen und gut ist, der, behaupte ich, ist glückselig, sei es Mann oder Frau, wer aber ungerecht und böse, ist elend«.

Wir lernen also von Sokrates, unsere Werte immer zuerst dahingehend zu überprüfen, ob sie auch letztendlich zu etwas Gutem führen – und zwar nicht nur zu etwas Gutem für uns selbst, sondern in erster Linie zu etwas Gutem für alle Beteiligten, also für Mitarbeiter, Investoren und Gesellschaft.

Mit seiner kompromisslosen Selbstanalyse, seiner Offenheit für das eigene Nichtwissen und seinem Streben, seinem eigenen Potenzial und seiner eigenen Verantwortung gerecht zu werden, kann Sokrates uns als Vorbild dienen. In einer Wissensökonomie, in der die Mitarbeiter zur entscheidenden Unternehmensressource geworden sind, kann er uns dabei helfen, andere mit mehr Glaubwürdigkeit zu führen, indem wir sie unser echtes Interesse an ihnen spüren lassen und uns um gutes Management zum Wohle aller bemühen, nicht um Selbstdarstellung und das Verfolgen banaler Eigeninteressen. Folgen wir also Sokrates' Philosophie und handeln getreu dem Motto:

> Man muss nicht das Leben am höchsten achten,
> sondern das Gutleben.

Gesammelte Weisheiten

Hier finden Sie noch einmal alle im Buch verwendeten Weisheiten des Sokrates im Überblick.

Halte solange an deinen Überzeugungen fest,
bis dich jemand eines Besseren belehrt.

Ich weiß, dass ich nichts weiß.

Wer sich seines Nichtwissens bewusst ist,
ist weiser als jener, der glaubt, alles zu wissen.

Denn das bin ich mir doch bewusst, dass ich
weder viel noch wenig weise bin.

Klug ist, wer weiß, was er nicht weiß.

Lasse Zweifel niemals unbeachtet.

Nur der ist weise, der weiß,
dass er es nicht weiß.

Es ist keine Schande nichts zu wissen, wohl aber,
nichts lernen zu wollen.

Behandle deinen Dialogpartner mit Respekt.

Belehre Deinen Gesprächspartner,
demütige ihn aber nicht.

Es ist nicht wichtig, *wer* etwas sagt,
sondern *was* er sagt.

Sei stets offen für Gegenargumente.

Erkenne dich selbst!

Das ungeprüfte Leben ist nicht lebenswert.

Ruhe dich nicht auf deinen Talenten aus.

Sei offen für Neues und stets bereit,
von anderen zu lernen.

Bleibe bescheiden und hilf auch anderen dabei,
bessere Menschen zu werden.

Gerade weil wir alle glücklich leben wollen,
sollten wir nach Weisheit streben.

Alles Gute hat seinen Sinn.

Tue Gutes um seiner selbst willen,
nicht wegen der Vorteile, die es mit sich bringt.

Gut ist nur das, was dich zu einem
guten Menschen macht.

Sei, was du scheinen willst.

Man muss nicht das Leben am höchsten achten,
sondern das Gutleben.